Edith Rimkus-Beseler

Meine Zeit mit MEDINA

eine Pferdegeschichte

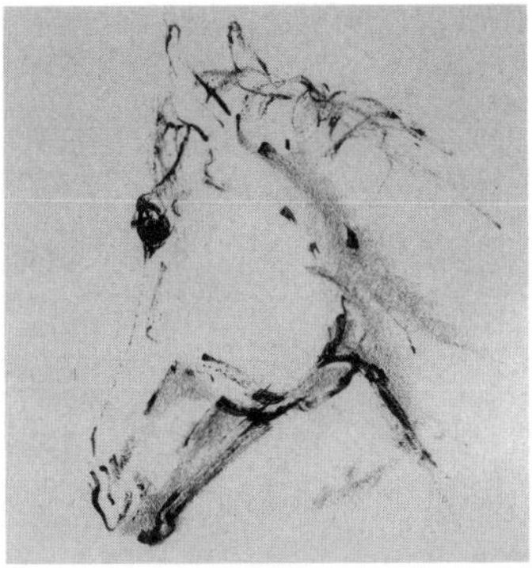

cwV

Autor u. Illustrationen: Edith Rimkus-Beseler
Druck: cw Obotritendruck, Schwerin
1. Auflage
ISBN 3-932370-44-9

Kein Geheimnis ist dichter verwoben,
wie das zwischen einem Reiter und seinem Pferd.

Robert Smith Surtees

Dieses ist Medina's Geschichte

Der braune Sattel auf dem Bock vor dem Bücherregal gehört in meine Stube. Schon etliche Jahre gehört er hierher, solange, wie MEDINA ihn nicht mehr trägt. Sein glattes Leder faßt sich gut an, und meine Hand streicht gerne darüber hin. Er war schon gebraucht, als ich ihn geschenkt erhielt für mein erstes Pferd, die arabische Stute. Mit ihr folgten übervolle, glückliche Jahre; Jahre, in denen ich mich nur jung fühlte. Für mich waren sie ein Abschnitt in meinem Leben – für MEDINA aber gab es nur diese Zeit.

Es gibt Menschen, die sich ganz stark und beständig zu einer Sache hingezogen fühlen. Nimm beispielsweise einen Kapitän, der sein Leben lang zur See gefahren ist. Seine Geschichten reißen nicht ab, und seine Erinnerungsstücke bilden einen Schatz. Du hast großes Glück, wenn du einem solchen Menschen begegnest. Ich weiß, wovon ich spreche, denn ich habe es erfahren. Viele aber wissen mit ihrem kurzen Leben wenig anzufangen. Es erscheint ihnen leer und sinnlos, sie suchen Risiko, Extreme, Streß. Mit einem Gummiseil am Bein stürzen sie sich in Abgründe, nennen es Bungee-Springen und bezahlen eine Menge Geld dafür. Wer es nicht hat, sucht es sich beim S-Bahn-Surfen. Das Überlebensgefühl nach einer schwierigen Strecke, das Kribbeln im Bauch gibt die gesuchte Selbstbestätigung, die wir wohl alle brauchen. Wie Pilze schießen sie aus dem Boden, die neuen Freizeitabenteuer, die Varianten des Fallschirmsprungs, der Wildwasserfahrten und des Schluchtenkletterns. Sie sind heute in Mode und morgen vergessen, überholt von neuem Nervenkitzel, die Hot-Rocket-Bungees, Hydro-Speed, Canyoning, Sky-Surfen und Downhill-Biking. Das alles ist nicht mit dem zu vergleichen, was den Kapitän an seine Seefahrt bindet oder einen Reiter an seine Pferde.

Obwohl meine Haare fast weiß geworden sind und ich nicht mehr so bedenkenlos mit meinen Kräften umgehen kann, ist die Bindung zu diesen schönen starken Tieren nicht schwächer geworden. Auf der Koppel hinterm Haus weidet jetzt die mausgraue Blesi. Der schwarze Aalstrich ihres Rückens läuft durch die Rinne des kräftigen Hinterteils in den buschig-dichten Schweif. Sie hat mich gehört, und ihre lebhaften Augen suchen nach mir. Sobald wir im Einklang der Bewegung in den Abend reiten, weiß ich, daß der Tag gut endet. Was sich in mir angestaut hat, wird weniger wichtig. Blesis weicher Tölt ist unverwechselbar, sie ist eine Isländerin, ein halbes Wildpferd noch. Es wird eine Zeit dauern, bis wir uns ganz kennengelernt haben, aber das ist eine andere Geschichte. Eine ganz andere Geschichte als die von MEDINA del Ra, der Araberin. Wenn ich versuche, sie zu erzählen, so geschieht das in großer Dankbarkeit und gleichzeitig als Mahnung.

Es ist die Geschichte eines wunderbaren Pferdes und einer großen menschlichen Schuld.

Als die Sache ihren Anfang nahm

Damals waren wir noch nicht lange miteinander verheiratet und hatten mehr Pläne als Geld. Da nahm der Traum vom eigenen Haus konkrete Formen an. An einem Dorfrand fanden wir dieses unmögliche alte Gemäuer, das fast an allen Ecken und Kanten bröckelte. Es war breit, niedrig, und besaß eine eigene Räucherkammer für das Selbstgeschlachtete. Im Verhältnis zu den heutigen Neubauwohnungen waren die Räume groß und alle mit ehrwürdigen Kachelöfen bestückt. Mich schreckte das nicht. Wenn hier Menschen gewohnt haben, würden wir es auch können. In der ehemaligen Schusterwerkstatt vorn rechts am Giebel richtete mein Mann seine Dichterwerkstatt ein. Das Klopfen des Schusterhammers wurde vom Klappern der Schreibmaschine abgelöst, die Stätte des Werkens blieb. Wieder wurde sie weiß gekalkt und ein langes Holzregal hineingebaut. Da standen die Bücher in dichter Reihe und hielten ihre Geschichten hübsch eingepackt zwischen den Deckeln. Am Fenster vor dem großen unhandlichen Schreibtisch protzte ein rotbezogener Sessel, und als wäre von dem Stoff etwas übriggeblieben, wucherten rote Blattpflanzen auf der Fensterbank. Nicht viel mehr war in dem Raum, als in der dunkelsten Ecke noch das Bett und neben der Tür eine Vorrichtung, in welche mein Mann seine Angelruten sorgfältigst einzuordnen pflegte. Zur Einrichtung gehörte als letztes noch ein Regulator, ein solides Erbstück, der mit seinem ruhigen Gangwerk an die Unaufhaltsamkeit der Zeit erinnerte.

Was mir besonders gefiel, war der sehr große Garten, der aus Wiesen mit Obstbäumen bestand. Ein Garten sollte genutzt werden und dem Auge Freude geben. Schafe sind sanft, sie liefern Milch und Wolle, dachte ich, und holte Liese und Lene. Als erstes zeigten sie uns, wo der Zaun undicht war. Bisher hatte mein Mann vor allem durch seine Geschichten und Artikel für unsere Existenz gesorgt, jetzt wurde er zusätzlich Haus- und Hofmeister. Unser Entschluß, auf dem Lande zu leben, begann Folgen zu haben.

Mit dunklen, stillen Wassern, Seerosen und Schilf, wartete nicht nur ein See in der Nähe, es gab ihrer mehrere zum Aussuchen. Dafür gewann ich Anschluß an eine kleine Reitergruppe im Nachbarort. Der Mensch entwickelt einen Geruchssinn für seine speziellen Düfte, ähnlich dem Spürhund. Also endlich wieder Pferde für mich und dazu erstmals im Leben einen Araberhengst. Solche Wunder blühen oft im verborgenen. Ich war überwältigt. Alles, was ich an einem

Pferd liebte, war in ihm konzentriert. Anfangs erschien er mir so unnahbar, daß ich mich fast etwas fürchtete. Das stärkte den Stolz seines Besitzers, und er bot ihn mir zum Reiten.

Fünf Pferde galoppierten durch den lichten Wald. Ihre Reiter hielten sie zurück, denn der Boden war unübersichtlich. Auf dem zierlichen Araberhengst mit dem kupferschimmernden Fell saß ich. Er stand die ganze Woche wegen Zeitmangels im Stall. Wenigstens jetzt wollte er rennen. Anders als die Ausbildungspferde, die Anfänger und Fortgeschrittene über die Reitstunden trugen, zog es ihn vorwärts. Der alte Turnierplatz bot Raum. Die Reiter steuerten den Gehorsamkeitssprung an, gaben die Zügel freier. Es war kein hohes Hindernis, aus Baumstämmen gebaut, damit die Tiere es ernst nahmen. „Gib ihm Luft", hörte ich seinen Besitzer mir nachrufen. Warum wir stürzten, weiß ich nicht. Mein Bein geriet zwischen Stamm und Pferdeleib. Der Hengst rappelte sich sofort wieder hoch. Stürze sehen meist schlimmer aus, als sie es sind. Und bis auf den Schmerz im Bein war mir nichts geschehen.

Besorgt sah mein Mann mich in die Küche humpeln, als ich heimkam. „Hilf mir, ich hatte Pech", bat ich ihn. Der Stiefel ging freiwillig nicht mehr über den Knöchel. Nach gut einer Woche kam ich aus dem Krankenhaus. „Schonung, Schonung", hatte der Arzt geraten. Ich fühlte mich nicht gut, als ich sah, wie unsere kleine Tochter an der Hand meines Mannes mittrippelte zum Brüderchen, das mir lachend seine Hände entgegenreckte. Wie werde ich ihnen gefehlt haben. War es nicht unrecht von mir, bei solchem Risiko meine Lust zu befriedigen? Eine Frage, die ich mein Leben lang nie ganz losgeworden bin. Schuldbewußt liebkoste ich die Kinder und setzte mich, um den Fuß zu entlasten. Zitterndes Sonnenlicht fiel durch das Weinlaub ins Zimmer. Lang und schlaksig stand der Mann neben mir. „Du hast noch Glück gehabt", sagte er. Es ist ein liebenswerter Zug, nicht mit langen Vorwürfen zu kommen, wenn etwas voll danebenging. „Aber wie soll ich schreiben, wenn ich Vater und Mutter zugleich sein muß?" Und nach einer Pause: „Wenn wir ein Fohlen aufziehen, sind die Kinder aus dem Gröbsten heraus, bis du es reiten kannst. Ich denke, das ist gut für uns alle."

Das war der erste Gedanke – noch reine Theorie –, aber er war da. Um den Gedanken begann es zu wuchern und zu wachsen. Ein Pferd, ein Fohlen, woher, wohin, wann und wie? Nur eines wußte ich von Anfang an: Es sollte unbedingt ein Araber sein.

Ein Freund lud uns ins Gestüt ein. In der wärmenden Aprilsonne standen Stuten und Fohlen träge herum, genauso wie wir, wenn an windgeschützter Stelle der Liegestuhl dazu einlädt, die Augen zu schließen und den Frühling zu atmen. Ich war aufgeregt wie ein Kind vor der ersten Karussellfahrt. „Die da", sagte unser Freund und zeigte

auf einen zerzausten Jährling, der etwas abgesondert stand. Stimmt schon, eine Stute sollte es sein. Aber die da? Es war nicht die Liebe auf den ersten Blick, er merkte es sofort. „Das wird ein gutes Pferd“, sagte er, „die Papiere sind in Ordnung.“ Und nach einer Weile, als ich das Tier eingehend betrachtet hatte, meinte er: „Die Auswahl an Araberfohlen ist in diesem Jahr nicht sehr groß. Drei sind schon fest vergeben.“ Er sah meine Enttäuschung. „Ich zeig´ euch noch etwas.“ Er besprach sich mit dem Wärter und ließ uns am Stallgiebel warten. Herausgeführt wurde eine Schimmelstute mit einem diesjährigen Fohlen. Sie ließ es nicht aus den Augen. Unser Freund nahm die Stute ab, und als der Wärter einen Hengst zuführte, hob sie wiehernd den schönen Kopf. Ihre Nüstern berührten sich. Der Hengst schlug mit den Vorderbeinen den Boden, wölbte seinen Hals zum Bogen und trat unruhig auf der Stelle. Die Stute ging schützend vor ihr Fohlen. Sie war schon wieder tragend, und der Hengst hatte ihr nur seine Aufwartung gemacht. Angetan mit dem bunten arabischen Wollhalfter, glich sie in ihrer Erregung einem alten Bild. Dieser Anblick hat sich bis heute bei mir fest eingeprägt – nicht nur, weil ich mich sofort in das hochbeinige Füllen verliebte. „Da mußt du noch ein Jahr länger warten, bis du es reiten kannst“, gab unser Freund zu bedenken, „das ist etwas ganz Besonderes.“ Damit war die Entscheidung für MEDINA gefallen. Drei Monate mußten wir uns noch gedulden, bis sie von der Stute abgesetzt wurde. Die Vorfreude trug mich auf Flügeln – aber ein wenig Sorge, es könnte ihr inzwischen etwas zustoßen, begleitete sie.

Grosse Veränderung

Das graziöse Fohlen, mit den schwebenden Bewegungen einer Tänzerin, war entsetzt. Männer mit unnachgiebigem Griff hatten es von seiner Mutter getrennt, in einen Kastenkäfig geschoben und schaukelnd und schwankend aufgeladen. Seine beweglichen Ohren drehten sich nach allen Seiten, fingen das rufende Wiehern der Stute ein, die Worte einer Frau und die vertraute Stimme eines Pflegers. Das Füllen stieß ein erregtes, hohes Quietschen aus, brach mit zitternder Stimme ab, versuchte den Kopf zu wenden, den ganzen Körper zu drehen, es ging nicht, der hölzerne Kasten war zu eng. Hilflos suchten die großen Augen einen Fluchtweg. Es geriet in Panik und schlug mit den überlangen Beinen um sich. Den Schmerz schien es nicht zu spüren. Ein fürchterliches Poltern und Klappern machte mir Angst. Es folgte das scharfe Geräusch zuknallender Autotüren, und der Wagen zog an. Sofort war das Fohlen gezwungen, sich auszubalancieren. Es konnte nicht mehr um sich schlagen. Ein Überlebensinstinkt zwang es, sich den rüttelnden Bewegungen zu stellen. Einmal prallte es mit dem Nasenrücken gegen eine Kante, und der schneidende Schmerz nahm seine ganze Aufmerksamkeit. Es mußte noch mehr achtgeben.

Der Mann bemühte sich um sanftes Fahren. Kein plötzlicher Stopp, kein ruckartiges Anfahren, langsam in die Kurven. Dennoch war ich vor Aufregung krank. Vom Hänger war kein Geräusch zu hören. Wie, wenn sich das Tier etwas gebrochen hatte, hilfsbedürftig im Kasten lag? „Wir müssen anhalten und nachsehen", bat ich. „Noch ein paar Kilometerchen", sagte der Fahrer, „sonst geht es wieder los. Es muß sich fügen. Ich fahr′ doch nicht das erstemal ein Fohlen." Nach einer Ewigkeit ließ er das Auto auslaufen, und ich schlich mit weichen Knien nach hinten. Mit traurigen Augen blickte das Pferdekind mich an. Sein Fell war schweißnaß – aber die Beine ungebrochen. Es hatte den Widerstand aufgegeben. Mir war, als fragte es unüberhörbar: „Warum?"

„Fahr weiter", sagte ich, „schnell, fahr weiter!"

Ich glaube nicht, das Pferde denken können in der Art der Menschen. Dennoch wird sich das Fohlen erinnert haben an die Geborgenheit, die es bisher erlebte in seiner Mutter Nähe, an die süße Milch, ihren Duft und auch daran, daß seine schnellen Beine ihm aus mancher Bedrängnis geholfen hatten. Nun war es eingesperrt und allein. Es verstand seinen Zustand nicht. Es blieb ihm nichts, als sich zu fügen.

Welches Schicksal würden die Menschen ihm bereiten?

Als das Gefährt hielt und sein Gefängnis geöffnet wurde, war ich die erste, die es empfing und liebkoste. Des Fohlens Vorderbeine zitterten leicht, die dunklen Augen suchten, und da sie nichts Vertrautes fanden, kamen sie zu mir zurück. Wir gingen gemeinsam auf die Wiese hinter dem Haus. Ruhig war es hier, und der feste Boden unter seinen Füßen gab dem jungen Tier etwas von seinem Selbstvertrauen zurück. Es prüfte den Geschmack der Gräser, hier einige Halme und dort eine Blüte. Noch konnte es nicht fressen, war jederzeit bereit zur Flucht. Flucht als Ausweg aus jeder Gefahr. Langsam begleitete ich die junge Stute, berührte streichelnd ihr Fell. Keine hastige Bewegung sollte sie schrecken. Ich wünschte, daß sie sich an meine Stimme gewöhnt. So sehr, daß sie später einmal vertrauensvoll meinem Ruf folgen würde. Also sprach ich zu ihr wie zu einem Kind. Das gefiel dem jungen Tier wohl, denn jetzt senkte es den Kopf und begann zu grasen. Da setzte auch ich mich dazu. Eine frühe Kindheitserinnerung wurde in mir wach:

Spillerich dünn ist das Mädchen mit den weißblonden, strammgeflochtenen Zöpfen, aber es klettert wie ein Äffchen. Es sitzt in der dichten Krone des schiefen Kirschbaumes am Bach hinter der Scheune. Wer es nicht weiß, findet es nicht. Aber selbst sieht es weit über die reifenden Kornfelder, sogar ein Stück der holprig gepflasterten Straße hinter dem Hoftor wird sichtbar. Autos kommen ganz selten vorbei. Aber schon lange, bevor die Fuhrwerke da sind, hört es das Pferdegetrappel. Dann wartet es geduldig, ob das wohl ein Brauner oder ein Schimmel ist? Was auch immer, alle laufen sie vorbei, und das Mädchen schaut ihnen lange hinterher. Einsam ist die Kleine in diesen Ferien bei der Tante, die keine Kinder hat. Der Vorort eines ostpreußischen Provinzstädtchens bietet als höchste Glückseligkeit eine Bretterwand voller bunter Zirkusplakate. Der Zirkus war längst weitergezogen. Auf den Plakaten blieben die stolzen Schimmel mit mächtigen Federbüscheln auf den Köpfen, anmutig und wild zugleich anzusehen. Jeden Tag geht das Kind zu den Bildern, jeden Tag zählt es die Pferde vor den Bauernwagen. Dann entdeckt das Mädchen die schiefe Tür am Giebel der Scheune. Drinnen ist es zum Fürchten dunkel.

Nur durch die Ritzen dringt Sonnenlicht. Muffig kühl ist die Luft. Das Kind setzt seinen Fuß in den Raum, die Augen gewöhnen sich und erkennen langsam das Gerümpel von Sägebock und leeren Tonnen, Ackergerät, Wagenräder und Möbelstücken. Eine Schubkarre mit langen Holmen versperrt den Weg zu einem

großen, dunklen Etwas, mit steifer Plane abgedeckt. Unten schauen Kufen hervor. Und als es mit viel Mühe die Abdeckung zur Seite gedrückt hat, kann es in den Schlitten steigen. Harte, zerschlissene Sitzpolster hinten auf der Bank, vorn der Kutscherplatz. Im einfallenden Licht tanzt der Staub. Hierher hockt sich das Mädchen und beginnt zu träumen: Von schellentragenden Pferden, die mit den Hufen Schneebatzen in die Luft werfen, von Bäumen, die vorbeihuschen. Es sieht die wiegenden Rücken der glatten Rappen und die blanken Sterne am Himmel. Und weil es lange träumt in dieser dunklen Scheune, wird ihm kühl in seinem dünnen Sommerkleid. Es klettert aus dem hohen Schlitten, um sich wieder in der Sonne zu wärmen. Da entdeckt es, an die Wand gelehnt, das Schaukelpferd. Es erschrickt vor Freude, auch wenn das Spielzeug längst keine Schaukel mehr unter den Beinen hat, und vom vierten ein Stück fehlt. Vorsichtig trägt das Mädchen den Fund hinaus auf den hellen Hof, dorthin, wo der Wasserbrunnen am hohen Zaun steht, aus dem mit einem klappernden Eimer am Seil geschöpft wird. Es setzt den Pferdekörper ins Gras. Sogar der Rest eines Sattels liegt auf dem fellbezogenen Rücken, Glasaugen, rotgemalte Nüstern, kurzsträhnige Mähnenhaare und, noch gut erhalten, der schwarze Schweif. Er ist steif von jahrealtem Schmutz. Aber das alles ist trotzdem so wunderbar, daß nun die Zeit wie im Fluge vergeht. Das Kind wäscht und bürstet, es stellt sein Pferd von einem Sonnenflecken in den nächsten oder dorthin, wo saftigeres Gras und schönere Blumen wachsen. Und dabei denkt es sich in eine Zeit, in der es hinausreiten wird, weit und immer weiter. – Damals.

Ich rupfte eine Handvoll Gras und hielt sie MEDINA vor die Nase. Sie lief nicht fort. Sie hatte schon soviel Vertrauen zu mir, daß ich ihren Rücken entlangstreichen durfte. „Jetzt mußt du noch groß und stark werden“, sagte ich zu ihr, „damit du mich tragen kannst.“

Familienanschluss

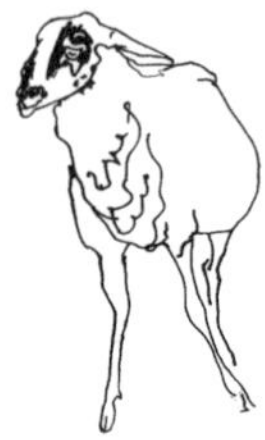

In eine Herde gleichaltriger Fohlen zu kommen, wäre das Beste für MEDINA gewesen. Aber es gibt so viele Dinge im Leben, die nicht das Beste sind und aus denen wir das Beste zu machen versuchen. Unsere Herde bestand aus zwei Schafen und einem Fohlen. Allein war MEDINA also nicht, aber zum Umhertoben war das keine passende Gesellschaft. Die fand sich schneller als wir ahnten in Jonas, dem großen Hovawartrüden. Den Kindern gegenüber ein Muster an Gutmütigkeit und Nachsicht, witterte er mit feinem Instinkt neue Möglichkeiten. Als er sich das erstemal anschlich, machte sich der Hund ganz klein. Neugierig sah das Fohlen ihn an, senkte seinen Kopf zu ihm, und behutsam berührten sich ihre Nasen. Das war ein Begrüßungskuß, anders kann ich es mir nicht denken. Denn fortan waren beide Freunde.

Die Schwalben fingen sich in tollkühnen Kurven ihr Futter, MEDINA keilte vor Übermut in die Luft, und Jonas war sofort beim Wettrennen dabei, so daß die Schafe sich schleunigst unter den Koppelstangen hindurch in Sicherheit brachten. Unser stiller Obstgarten verwandelte sich in einen Vergnügungspark. Trafen wir uns zufällig so oft am Koppelzaun?

Mag sein, daß sich unser Vorgänger Schweine, Ziegen oder Hühner in dem aus roten Backsteinen gemauerten Nebengebäude gehalten hatte. Jetzt war aus den winzigen Stallungen eine geräumige Box entstanden, mit einer zweigeteilten Tür. Bis auf wenige harte Winternächte blieb die obere Hälfte geöffnet. Auch nachts entgingen der jungen Stute nicht der Flug und das Geschrei der ziehenden Gänse. Wind und Regen oder Mond und Sterne leisteten Gesellschaft. Unter der Heuraufe hatte Semmelchen, wie die Kinder unseren roten Kater riefen, seinen Schlafplatz. Wenn er sich schnurrend an MEDINA's Beinen rieb, konnte es geschehen, daß sie ihm liebevoll das Fell zupfte. An den Balken der Stalldecke hatten zwei Schwalbenpaare aus Lehmklümpchen und Halmen ihre Nester geklebt. Ihre Brut war schon flügge und schwirrte vom ersten Morgenstrahl an ums Haus. Kurzum, es war kein Ort, die Zeit zu verschlafen.

MEDINA war heimisch geworden. Anfangs hatte sie noch öfter im Fressen innegehalten, den Kopf erhoben und mit heller Stimme gerufen. Dann lauschte sie. Es kam keine Antwort. Mit der Zeit blieb ihr Wiehern ganz aus. Kam ich in ihre Nähe, gewährte sie mir freundlich ein Brummeln oder Prusten. Vielleicht nahm sie mich als Muttersatz, denn sie gewöhnte sich daran, mir zu folgen. Ich half mit Brotstückchen nach. Aber oft genügten einige lockende Worte, ein wenig streicheln oder kraulen dort, wo der Widerrist beginnt. MEDINA wollte mir gleichermaßen Gutes tun. Aber meine Haut ist zu empfindlich dafür, das Fohlen wurde mit einem Klaps auf die Nase bestraft. Seitdem hob sie den Kopf, und ihr kleines Maul knabberte in die Luft. Ein Reflex. MEDINA lernte schnell.

Die älteren Männer auf dem Dorf haben alle noch eine Meinung zu Pferden, die jüngeren mehr zu Motorrädern. „Ist ja ein schmales

Dingelchen, die Kleine“, meinte der Nachbar. „Wohl wahr“, sagte ich, und „ich wollte sie eigentlich nicht zum Pflügen, mehr zum Reiten.“ „Aber so´n Vollblüter ist ja ziemlich nervös und schwer zu regieren“, gab er wieder zu bedenken, obwohl ihm hier jede Erfahrung abging. „Rankommen lassen“, sagte ich.

Im nächsten Frühling hatte sich MEDINA zum Teeneger ausgewachsen. Ihre Höhe erreichte fast das Endmaß. Nur die Gestalt war noch unproportioniert. Mal wuchs sie etwas in die Breite, dann vorn ein Stückchen, oder der Körper streckte sich, und immer gehörte ein tüchtiger Grasbauch dazu. Ihr Charakter war freundlich und ohne

Tücken. Arabische Pferde sind äußerst liebenswürdig und durch jahrhundertealte Tradition der Beduinen an Menschen gewöhnt, hatte unser Freund versichert. MEDINA gab das beste Beispiel. Wie sonst wäre es möglich, sie derart in die Familie aufzunehmen? Wenn wir unterm Walnußbaum im Hof unsere Mahlzeit nahmen, die Kinder daneben ihre Buddelecke hatten und das Stutchen zwischen all dem ganz selbstverständlich ihr Gras rupfte, gehörte sie dazu. „Das gehört sich nicht, geh!“ oder eine entsprechende Handbewegung genügte, sie an gute Manieren zu erinnern, wenn sie aufdringlich werden wollte. Aufdringlich, wie Kinder oder Halbwüchsige es eben so gerne sind.

An einem windstillen Sommerabend saßen wir mit Freunden auf dem Lieblingsplatz unterm Blätterdach. Das Ehepaar gehörte zu den Menschen, die noch nicht den Kontakt zur Natur verloren haben, und deshalb gefiel es ihnen hier. Auch durch die grasende junge Pferdedame fühlten sie sich nicht bedroht, wir hatten sie im Gespräch geradezu vergessen. Mein Mann wollte seinem Freund die neue Angelrolle zeigen, und beide verschwanden im Haus, da ereilte mich ein Hilferuf. Ob MEDINA sich vernachlässigt gefühlt oder die offenen Türen als Einladung verstanden hatte, sie war durch die kleine Veranda die wenigen Stufen hoch den Männern gefolgt und stand unvermittelt im Zimmer. Ihre Zutraulichkeit brachte meinen Mann in Verlegenheit. Auch auf gutes Zureden war sie nicht zum Rückzug zu bewegen. Selbst ein bestimmend fordernder Ton wurde nicht akzeptiert. Gewalt wollte er nicht anwenden, lieber rief er nach Verstärkung. Mit einem Gürtel um MEDINA´s Hals und einer Scheibe Brot wurden wir uns einig. Sie war es gewöhnt, mir zu folgen. Erst an den Stufen blieb sie ängstlich stehen. Ich ging vor und lockte, MEDINA zögerte, trat hin und her und machte einen einzigen Satz hinunter, um erleichtert wieder auf dem Hof zu stehen. Ihr Vertrauen war ungebrochen, und wir machten die Türen fortan besser zu.

Die Kraftprobe

Durch unseren Garten schlängelte sich ein Bach. Er teilte die Graskoppeln auf natürliche Weise. Auch eine Wiese muß sich erholen können. Die alte Holzbrücke wies morsche Stellen auf. Sie sollte erneuert werden. Eigentlich hatte mein Mann keine Zeit dafür, denn der Verlag wartete auf das neue Buch. Andererseits meinte ich, daß es seinem Rücken gut täte, sich zu strecken. Und zu guter Letzt handwerkte er nicht nur gekonnt, sondern auch gerne.

An einem sonnigen Herbsttag machte er sich ans Werk. Am Abend war es geschafft. Breit und solide, ein Prachtstück war die neue Brücke. „Wenn ich dich nicht hätte," sagte ich erleichtert zum zigsten Mal. Niemand hätte es besser gekonnt. Gleich, welche Arbeit er auch angeht, jede verdient seine volle Hingabe und Qualität, sozusagen alles mit der Wasserwaage. Am Tag darauf klapperte die Schreibmaschine ihren vertrauten Rhythmus. Anders bei mir. Dazu muß ich ehrlich gestehen, daß Hausarbeit nie meine Stärke war. Zugegeben, sie muß gemacht werden. Darf ich deshalb verschweigen, daß es mich rauszog, irgendwohin auf Reportage an einen Brennpunkt, heute hier und morgen dort? So wie in den Jahren vor unserer Ehe. Kamen wir damals zurück, so ging er an seine Schreibmaschine und ich mit meinen Filmen in die Dunkelkammer. Immer im Wettstreit

miteinander. Wir tauschten die Zeit der Ungebundenheit gegen die Verpflichtung, eine Familie zu haben, entschieden uns für Kinder. Nun spielte Gustel im Gitterchen, es war Brei zu kochen, und es waren Windeln zu waschen. Die moderne Wegwerfzeit mit ihren rätselhaften Errungenschaften hatte uns noch nicht im Griff. Vielleicht empfand ich diese Jahre als besonders schwierig, weil mich die Verantwortung für diese kleinen, unselbständigen Menschlein drückte. Einen Krippenplatz am Ort gab es nicht, und auf den Kindergarten wollte ich warten, bis beide gemeinsam gehen konnten. Ohne die Schwester wäre das Brüderchen sehr einsam gewesen. „Nun mach was draus, du hast es so gewollt", redete ich mir zu. Es war verständlich, daß mir bei aller Arbeit der Umgang mit dem Fohlen eher als eine Belohnung, denn als Belastung erschien.

Alwine, die fast zwei Jahre ältere Schwester, kletterte über das Gitter und schleppte dem Bruder hinein, was ihr geeignet schien, vom Plüschtier bis zum Zeitungspapier. Wenn sie so miteinander spielten, war ich abkömmlich. MEDINA sollte die Brücke einweihen, hinüber auf die frische Koppel. Sittsam folgte sie am Halfter. Ich sah den Vögeln nach, die sich auf den Leitungen sammelten, wieder aufflogen und von neuem gruppierten. Welch ein strahlender Tag heute, wir könnten in der Sonne sitzen, während ich Birnen schälen würde. Meine Gedanken waren beschäftigt, als MEDINA ruckartig stehenblieb. „Na", sagte ich, „komm – komm!" Ich konnte mir ihr Verhalten damals nicht erklären. So versuchte ich es in Ruhe, in Güte, es blieb dabei: Über diese Brücke nicht! Schön, dachte ich, es liegt an mir. Ich bin vielleicht zuwenig energisch, zu unerfahren. Warum sollte ich mir nicht helfen lassen? Unser Schweinemeister, mit dem wir abends Federball spielten, war kräftiger. Er fühlte sich geschmeichelt durch meinen Wunsch. Gern wollte er mir zeigen, wie man das macht. Schön kurz faßte er das Fohlen, führte es aus dem Kreis heraus gegen die neue Brücke an und – keinen Schritt weiter. Also noch einmal, etwas energischer. Energischer zeigte auch MEDINA ihre Absicht, rammte die Hinterbeine in den Boden, fuchtelte entsetzt mit den Vorderhufen in der Luft herum. Der junge Mann hing fast am hochgerissenen Pferdekopf. Das Weiß ihrer Augen wurde sichtbar, die Ohren zurückgelegt, eine unbekannte MEDINA plötzlich, ein Wildpferd. „Du mußt mit der Peitsche nachhelfen“, verlangte der Schweinemeister. Aber das wollte ich nicht. „Laß mal, das kriege ich schon irgendwie hin mit der Zeit“, antwortete ich. Vielleicht war er froh, daß wir das Spiel nicht auf die Spitze trieben, daß ich es war, die abbrach. Vielleicht mußte er auch wirklich noch einmal in den Stall zurück. „So ein Zosse, der macht ja, was er will.“ Halb belustigt, halb ärgerlich, ließ er uns allein. Nahm er die Angst der jungen Stute als Ungehorsam? Wollte er sie etwa dafür strafen? Sie mit Gewalt rüberzwingen? Ich versuchte, die neue Brücke mit MEDINA's Augen zu sehen. Was gefiel ihr nicht? Das rohe Holz leuchtete warnend: Vorsicht! Hier ist etwas anders als sonst. Prüfe, bevor du deinen Huf darauf setzt. Wo war die Leitstute, die voranging? Wo waren die Herdenmitglieder? Pferde in freier Wildbahn hatten immer nur so überleben können. Uralter Instinkt warnte das Pferd.

Sie sollte sich erst einmal beruhigen. Ich schnitt Gras, verteilte es auf den Bohlen der Brücke. Würde ich eine glaubwürdige Leitstute abgeben? Geduldig wollte ich vorangehen. Vielleicht schaffte ich es durch Verständnis?

Den Strick ließ ich locker hängen, klopfte MEDINA´s Hals, redete ihr zu und ging selbst rückwärts auf die gefürchtete Brücke. Sie blieb wartend stehen. Wieder ging ich zu ihr, wiederholte meine Einladung, ging auf die Brücke und lockte. Nur nicht zu früh am Strick ziehen und Gegenwehr wecken! Ich beobachtete sie, sah, wie sie die Nase prüfend senkte, schnupperte. „Komm nur, komm“, lockte ich, ging etwas vor und wieder zurück, um zu zeigen, daß keine Gefahr drohte. Noch wartete sie, wendete die Ohren nach allen Richtungen, setzte einen Huf vorsichtig auf das Holz, eine kleine Pause, die Nase wieder tief. Jetzt konnte ich deutlicher werden. Vor und zurück trat ich, sie streichelnd, lobend, lockend, ein wenig am Halfter ruckend. Und dann setzte sie Schritt für Schritt langsam darüber. Nichts war passiert, also ungefährlich diese neue Brücke. Es gab eine Erfahrung mehr in ihrem jungen Pferdeleben. Sie begann sofort zu grasen, während ich die Koppelstange vor den Übergang legte. Abends zurück kostete es weniger Zeit, und schon am nächsten Tag gab es keine Schwierigkeiten mehr.

Gute Erfahrungen machen Mut. Nicht nur MEDINA lernte, auch mir kamen durch das Fohlen neue Erkenntnisse zu. Ein Pferd als Lehrmeister?

SCHNEETÜCKEN

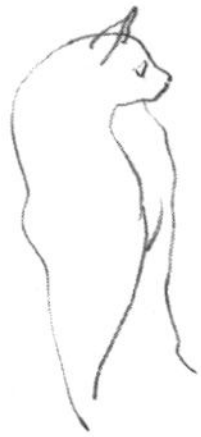

Dieser Winter kam mit ungewöhnlich viel Schnee. Nicht nur, daß bereits vor Weihnachten tagelang große weiße Flocken vom Himmel wirbelten. Bruder Frost hielt sie gut auf der Erde fest. Jetzt blieben auch die Schafe im Stall.

Um unser Haus entstanden neue Wege. Mein Mann grub sie in die kalte kniehohe Pracht. Von der Haustür zum Stall, zum Hoftor, zum Briefkasten, zum Klohäuschen und zur Remise, in der Kohlen und Holz lagerten. Nun konnte jeder sehen, welche Orte ständig mit unserem Leben verbunden waren. Im Haus wurden täglich vier Öfen geheizt, und in der Küche stand ein Kohleherd. Wenn wir auch elektrisch kochten, Wärme gab es nur durch wirkliches Feuer. War es gefangen im Feuerloch, sahen es die Kinder gerne tanzen. Wir waren verschwenderischer als unsere Vorgänger, die weit weniger Zeit zum Herumsitzen gehabt hatten, die Licht und Heizung noch an allen Ecken sparten. Doch der Wind stibitzte unsere Wärme durch alle Ritzen, die Außenwände kühlten dazu. Wenn ich zum Fenster hinaussah, den Himmel von Wolken verhangen fand und der Schnee ohne Pause um das Haus stob, kamen mir Worte wie 'Höhle' und 'überwintern' in den Sinn. Dann war es gut, soviel Holz in den Küchenherd zu legen, daß die wohlige Wärme bis in das angrenzende Kinderzimmer drang. Auf dem Fensterbrett draußen saß Semmel, der gelbe Kater, und sah unverwandt ins Zimmer. Alwine hatte ihn erspäht. Wenn sie sich auf die Zehenspitzen stellte, konnte sie die Flurtür allein öffnen. Die Antennenohren des Katers funktionierten gut. Das Geräusch signalisierte Wärme. Wie ein Blitz huschte er zur Küche herein. Dafür ließ er es sich sogar gefallen, wenn sie ihn, einer Flickerpuppe gleich umherschleppte. Schließlich fand er doch einen ruhigen Platz am Herd.

Eines Tages schien der Schnee im Himmel alle zu sein. Oder Frau Holle schlief. MEDINA stand ungeduldig hinter der Stalltür. Heute mal keine nassen Flocken auf der Nasenspitze. Das junge Pferd wollte sich bewegen, raus aus der Box. Bei trockenem Frost wäre das längst geschehen.

Auf der Koppel hinter der Remise hatte der Wind meterhohe Schneewehen zusammengeschoben. Sie lagen unberührt, wie sie gewachsen waren. Ungewohnt windstill, nur bedeutend lichter als an vorangegangenen Tagen, bot sich uns eine fremde Landschaft. Schneelicht auf weichen Formen, alle Büsche zugedeckt, unwirklich und anziehend, als müsse man sich nur hineinfallen lassen. Gern hätten wir die Sonne dabeigehabt, als wir die Braune hinausließen. Mein Mann nahm Gustel auf den Arm, Alwine stapfte hinterher zum Zaun. Alle wollten die Freude teilen. Die ersten Schritte setzte MEDINA behutsam. Ohne Widerstand schoben sich die Hufe durch den federleichten weißen Staub. Angenehm kühl, eigenartig sprühend. Schnarchend zog sie die kalte Luft in die Nüstern. Die Ohren spielten. Endlich, als ich sie hinter dem Zaun freiließ, quoll ihr Entzücken über. Wild stürmte sie davon. Hinein in die weiche Endlosigkeit. Angesparter Stallmut ließ sie in wuchtigen Galoppsprüngen davonrasen und – ohne Vorwarnung – in eine tiefe Verwehung hinein. Eine weiße Wolke, wirbelnder Schnee, kein Pferd mehr – Sekundenbruchteile oder Sekunden –, die junge Stute rappelte sich in ruckartigen Schlußsprüngen heraus. Schneebedeckt, auch auf dem Rücken, stand sie da. Erschrecken, Staunen und Erregung blähten ihre Nüstern. Den Kopf erhoben, den Schweif steil emporgereckt wie eine Fahne im Takt der Schritte links – rechts geschwenkt, trabte sie los. Die weit vorgeworfenen Beine blieben dabei für einen Augenblick in der Luft hängen. Zeitlupenaufnahme – zack – zack – zack durch den kniehohen Schnee. Ihre Neugier trieb sie in alle Richtungen, und ihr Gedächtnis notierte die Untiefen. Fortan wählte sie danach ihr Tempo. Die große Schneefalle merkte sie sich genau. Selbst als die blendende Pracht nicht mehr neu war, kam ihr die Stelle ungeheuer vor, und ich sah sie lange in vorsichtigem Bogen ausweichen. Das sprichwörtlich gute Pferdegedächtnis zeigte sich. Durch seinen untrüglichen Ortssinn hat es nicht wenigen Menschen in Schneestürmen, Nacht und Nebel das Leben gerettet. Damals, als Menschen sich Tieren noch anvertrauten.

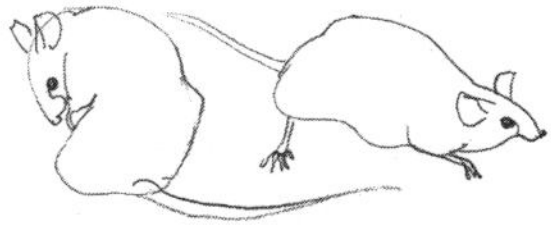

Laufen ohne Ziel

MEDINA erlebte ihren dritten Frühling. So gern, wie ich mich auf den Hauklotz an der windgeschützten Remisenwand für einen Moment in die Sonne setzte, so gern stand auch sie mucksmäuschenstill und ließ sich den Pelz wärmen. Dösend, satt und warm, senkte sich ihr Hals ein wenig, die Unterlippe wurde locker, die Augenlieder schlossen sich halb. Eines der Hinterbeine winkelte sie gern an und wechselte von Zeit zu Zeit das Standbein. Nur die Ohren blieben hellwach. Beim leisesten Geräusch bewegten sie sich. Rief ich sie oder forderte Jonas sie zum Spiel heraus, ging ein Ruck durch den Körper. Das kleine Kinn wurde fest, die Augen wieder groß, der Kopf hob sich.

Um sie zu beschäftigen, holten wir Kiefernäste aus dem Wald. Sie knabberte sie blank wie ein Hund den Knochen. Rinde und Nadeln sind gute Vitaminspender. Trotzdem gierte MEDINA über die Zaunstangen nach den ersten Grasspitzen. Wenn es nach ihr ginge, würde sie mit Zähnen und festen Lippen jedes Hälmchen fassen und dabei einen Teil der Wurzeln zerstören. Bei all ihrer Intelligenz, das konnte sie nicht verstehen. Sie mußte immer noch mit Heu und Rüben vorliebnehmen.

Es ist kein Witz, daß mich eine Besucherin aus der Stadt fragte, wieviel Fleisch so ein großes Pferd täglich verzehrt. Sie sagte tatsächlich 'verzehrt'. Es gibt Menschen, die gut ohne Tiere leben könnten, wenn sie dieselben nicht als Nahrung vermissen würden.

Es war an der Zeit, MEDINA einen Reiter tragen zu lehren. Nun war ich kein Pferdelehrer und würde Fehler machen, das war mir bewußt. Was trieb mich zu solchen Abenteuern? War es allein die Vorstellung, erhaben auf beweglichem Rücken zu sitzen, mit Leichtigkeit weite Wege zurückzulegen, Felder und Wälder aus neuer Sicht zu betrachten, oder gar die Eitelkeit, diese Kraft und Anmut untertan zu wissen? War es Neugier, meine Fähigkeit zu testen, oder schlicht nur die Freude am gemeinsamen Lernen? Es war von allem ein wenig dabei, als ich die Stute an die Longe nahm; jene lange Leine, mit der man das Pferd auch ohne Reiter in allen Gangarten gehorsam macht.

Unsere Pferdeschule fand abends statt, nach Tages Arbeit, wenn die Kinder im Bett lagen. Noch immer hell draußen, noch immer die Lerche am Himmel mit ihrem Lied. MEDINA tänzelte neben mir zum großen Platz vor der Strohmiete. „Freust dich wie ein Kind auf die erste Schulstunde, was?" Ich redete mir ein wenig die Aufregung aus dem Leib. Mein Bücherwissen stand auf dem Spiel. Wie man longiert, wußte ich. Nur selbst gemacht hatte ich es nie. Der Stute sei Dank, sie nahm mir die Unsicherheit, lernte rasch den Kreis um mich zu laufen, den ihr die Longe vorgab. Aus meiner Stimme hörte sie fein Lob und Tadel heraus. Der Klang war entscheidend.

Es ist nicht gelogen, wenn ich sage, daß die Stute abends schon auf mich wartete. Wir konnten unseren Unterricht erweitern. Es ist gar nicht so schwer, einem Pferd beizubringen, wann es gehen, traben oder galoppieren soll. Die gleichen Worte, den gleichen Tonfall

merkt es sich bald. Nach einer Woche konnte ich sagen: seht her, mein Pferd versteht, was ich von ihm will. Nur, zwischen verstehen und folgen liegt ein feiner Unterschied. Ob sie nun Annette oder Uwe heißen, oder auf MEDINA hörten, man konnte sie nicht einfach schalten wie einen Motor. Das große Thema Erziehung scheint bei Menschenkindern und jungen Tieren viel Ähnlichkeiten zu haben. So gab es Abende, an denen die junge Stute sich in minutenlangem Galopp entspannte, bevor ich sie forderte. Ich ließ sie laufen, folgte den harmonischen Bewegungen und nannte sie ein Märchenpferd. Bestimmst du den Anfang, so bestimme ich den Abschluß, war meine Devise. Aus dem ungestümen Renner wurde ein geschultes, gehorsames Pferd.

Auf dem Heimweg, nicht selten begleitete uns schon die Sichel des Mondes, begegneten wir der Nachbarin. Sie führte ihre Hunde aus. Mitleidig sah sie mich und das dampfende Tier an. „Du liebe Zeit, so spät und noch kein Feierabend? Wird dir das nicht langweilig?" Und ich konnte ihr nicht das Gegenteil erklären.

Eine kindhafte Vorfreude machte sich in mir breit. Noch ein Weilchen und man könnte sie reiten, dachte ich immer öfter. Man könnte sie wirklich bald reiten.

Einen Reiter tragen

Der erste Schnitt Heu war gut geraten. Alwine übte sich im Schulranzenpacken. Neues bahnte sich an. „Ich will auch in die Schule!", forderte der Junge. „Nun mach dem Kind klar, daß alles seine Zeit hat", verlangte ich vom Vater. Eine schwere Aufgabe.

Im Flur hing der Sattel. „Für deine guten Fotos", hatte unser Dichterfreund gesagt, „sie schmücken mein Buch." Wir haben viele gemeinsame Stunden gehabt, Sternstunden für mich. Er war ein Pferdenarr und Reiter von Natur. Seine Frau und mein Mann lächelten nachsichtig bei unseren Gesprächen. Ich danke ihm sehr viel.

Der Sattel war nicht neu, vom Gebrauch poliert, das Leder fest. Steigbügel, Sattelgurt, alles dabei. Verwundert schaute sich MEDINA um, als ich ihn auflegte und den Gurt sachte anzog. „Welch ein gutes Pferd, wie klug und vernünftig es ist! Siehst du, es tut überhaupt nicht weh", so ähnlich redete ich. Natürlich verstand MEDINA nur den Ton der Stimme, und der war freundlich und ruhig. Ein wenig klopfen, streicheln, ich führte mein Pferd im Hof umher, der staunenden Familie zur Schau. So sieht ein Reitpferd aus! Der Sattel stand der Braunen wirklich gut.

Ein wenig später beim Longieren, als die schlenkernden Bügel ihren Bauch berührten, protestierte sie erstmals mit Bocksprüngen. Richtig gekonnt, wie beim Rodeo. Etwas hatte ich falsch gemacht. Zuviel des Neuen auf einmal? Weg mit den Schlenkerdingern. Es ging besser. Die Rückenmuskeln entspannten sich, die Stute gewöhnte sich an den Sattel. Wieder kamen die Steigbügel dazu. Sie erinnerte sich sofort: Buckeln hatte geholfen. Was machte das kluge Tier? Es buckelte wieder. Anstatt den Lernweg abzukürzen, mußte ich ihn verlängern. Diesmal durften die Bocksprünge nicht mehr zum Ziel führen. „Alles guuut – ruhig – ruuuhig." Nicht sofort, aber auf die Dauer halfen meine beschwörenden Reden. Nach einigen Stunden fügte sich MEDINA. Schließlich war ihre alte Erfahrung durch eine neue verdrängt: Es lief sich auch damit gut. Nun fehlte nur noch der Reiter.

Seit meinem Sturz am Hindernis, als Gustel noch in den Windeln lag, hatte ich nicht mehr auf einem Pferd gesessen. Es erschien mir geradezu ungeheuerlich, dieses ungerittene Tier zu probieren. Sah man mir an, wie mir zumute war? Freude, Angst und viel Sehnsucht auf einmal. Wenn sie erschrickt, davonprescht, mich abschüttelt, die schöne Braune, die ich so blank herausgeputzt hatte? Bis in die Hände war mir die Aufregung gefahren. Und doch war ich davon überzeugt, daß sie mich dulden würde. Zu vertraut waren wir. Jedes ERSTEMAL ist ein Wagnis. Es würde sich zeigen. MEDINA stand im Hof, nahm es gelassen hin, daß der Rentnerkutscher ihre Zügel in seiner knochigen Hand hielt. Seine Bewegungen waren knapp, er sprach wenig, kannte Pferde. Schon als ich das Fohlen holte, hatte er mir versprochen, beim ersten Ritt beizustehen.

„Worauf wartest du?" fragte mein Mann, bereit, mir hinaufzuhelfen. Ich setzte den Fuß in den Bügel und ließ mich bäuchlings über den Sattel hängen. Als MEDINA immer noch ruhig stand, zog ich ein Bein langsam über den Rücken, setzte mich behutsam auf. Ich streichelte sie: „Gut, meine Liebe, gut", nahm die Zügel auf. Der Alte führte sie an, als gingen sie seit eh und je zusammen. Nicht der Anflug einer Widersetzlichkeit. Nach wenigen Minuten bat ich: „Laß sie los, allein geht's vielleicht auch." Die Stute trug mich. „Na bitte", sagte stolz mein Mann, „wie ein richtiger Reiter." Nur der Alte in seiner blauen Arbeitsjacke schüttelte den Kopf. So einfach hatte er sich das nicht gedacht.

Er ließ uns durch das Hoftor hinaus auf den sandigen Weg zum Wald. Das Pferd trug mich im Schritt. Sein sanfter Rhythmus war mit nichts Bekanntem vergleichbar.

Am Abend tranken wir eine gute Flasche Wein gemeinsam auf diesen Tag. „Es war unbeschreiblich schön." „Das sieht man dir an", sagte mein Mann. Und dann hörte er mir zu. Eine volle Stunde waren wir unterwegs gewesen. Gegen die Norm. Aber die Theorie allein macht das Leben nicht, die Gegenwart überrannte meine guten Vorsätze. Der Duft des Waldes, spielende Lichter auf weichen Graswegen, ich war verführt. Nun wollte ich es wissen, ob MEDINA meine Hilfen verstand, sie annahm, sich unterordnete. Unser Anfang stand unter einem guten Stern. Das junge Pferd brachte Feinfühligkeit und Lernlust mit. Übertrug sich die Fröhlichkeit der Vogelstimmen, der lauen Luft, meines singenden Herzens auf das Tier? Wie sonst hätte es so weich, so raumgreifend traben können? Das Zeitgefühl schwand dahin. Was wäre, wenn wir einen Galopp versuchten? Hier sah uns niemand, um so besser. Zwei Ansätze, die nur den Trab beschleunigten, aber dann – zögernd erst, aber doch Galopp. Einige Sprünge nur ließ ich heraus, parierte zum Schritt. Wie kann ein Herz so klopfen? Freude und Stolz. Sie war mir nicht durchgegangen. Im Schritt sortierte ich meine Gefühle und hielt der Braunen eine Lobesrede. Endlich war ich ein Reiter auf eigenem Pferd. Und dann der Übermut, noch einmal Galopp, länger, schneller. Es wurde eine stürmische Jagd. Unser Einklang zerfiel, wir waren plötzlich zwei Wesen mit unterschiedlichem Ziel. Mit einiger Mühe brachte ich MEDINA dazu, sich meiner bewußt zu werden. Ihr dröhnender Galopp war nicht Panik, sondern reine Freude am Lauf. Als sie stand, waren Hals und Brust feucht geworden, der Geruch ihres Körpers hüllte uns ein. Eine große Ruhe war in mich gezogen, die Spannung vorbei. Wir ritten heim. Der Bussard schrie über den Wipfeln. Schwingend teilte sich die Bewegung des Rückens mir mit. Ab und zu hielten wir inne, prüften, ob wir uns verstanden.

Ich hatte mein Traumpferd gefunden.

Tiefgründiger Angler und hochtrabende Reiterin

Ein Tischler kann genau sagen, was er braucht, um einen guten Stuhl zu bauen. Er weiß auch, wieviel Zeit er dafür benötigt. Schreibt mein Mann ein Buch, begleiten ihn bis zum Schluß Unsicherheiten. Es soll nicht nur spannend sein und sich gut lesen lassen, es muß auch stimmen, was die Menschen darin sagen und was sie tun. Immer wieder wurden Abschnitte neu geschrieben, Worte ausgetauscht. Er grübelte, wie er es deutlicher, verdichteter und poetischer ausdrücken könnte. Wenn ich auch versuchte, ihm viel von den Alltäglichkeiten abzunehmen und ihm Mut zusprach, die Arbeit des Schreibens blieb allein seine Sache.

„Wolltest du nicht angeln?" stachelte ich ihn auf, wenn ich merkte, wie er sich am Schreibtisch quälte, seine Gedanken nicht abschalten konnte, obwohl er erschöpft war. Ein Fischzug bewirkte dann Wunder. Seine Gedanken wechselten die Richtung: Angelruten, Rollen, Haken, Garne, ganz besondere Köder, entsprechende Kleidung.

Es dauerte dann Stunden, bis er heimkam, entspannt und befriedigt, selbst wenn der Fang gering ausfiel. Anglerwelt von Schilf und Mummeln, den Schwärmen springender kleiner Fische, Wind vor heranziehendem Gewitter. Er kennt den unheimlichen Ruf der Rohrdommel, das Meckern der Bekassine, das feine Piepsen der Bleßhuhnfamilie. Ich verstand ihn sehr gut, nur einen Wurm könnte ich nie auf den Haken ziehen. „Wunderbar, daß du angelst", sagte ich ehrlich, und das freute ihn zumindest genauso wie mich, wenn er mir geduldig zuhörte. Es gelingt wohl nur beim Glück, daß teilen reicher macht. In diesem Jahr wünschte ich mir, das es immer so bliebe.

Mit Alwines Schulbeginn fand sich Gustel ab. Seine Hosentaschen beutelten sich unter all dem Nützlichen, das er sammelte. Jedes Drähtchen, Schräubchen, Klammerchen war zu gebrauchen. Ihr Weg zur Selbständigkeit hatte begonnen.

An unserem uralten Haus bröckelte der Putz von der Mauer. Ich pflanzte Dahlien davor. Jetzt waren es glühend farbige Bälle in sattem Grün. Wein rankte an den Wänden, seine kleinen blauen Trauben waren zuckersüß.

Immer noch klebte das Schwalbennestklo am Stall. Wir konnten nicht alles gleichzeitig tun. Aber jedes Jahr zog die Katze ihre Jungen auf, kamen entweder bunte Zwerghühner mit lustigen Federhosen dazu oder weiße Pfau-

entauben aufs rote Dach. Damit wurden die Kinder größer. Es war nichts Besonderes.

Ein bewegendes Erlebnis waren die ersten selbstgefangenen Fische, selbst wenn sie wegen ihrer Winzigkeit die Katze bekam. Oder die junge Schwalbe, die gerade flügge geworden, gegen einen Mast geprallt nun tot auf dem Boden lag. Ich sehe es noch vor mir, wie der Junge auf den Zementstufen der Waschküche sitzt, zu seinen Füßen in der offenen Schachtel der Vogel, während er mit der Innenfläche seiner Hand die Träne an der Nase verwischt.

Wenn mich Sehnsucht nach meiner alten Reporterarbeit plagte, tröstete ich mich damit, daß die Vielfalt der Aufgaben als Haushaltsvorstand und Mutter auch nicht geringer waren. Erbsen stecken, Birnen einwecken, Heu wenden, den Stall sauberhalten und das Pferd striegeln, Wäsche plätten und noch eine lange Liste ähnlicher Kleinigkeiten. Zum Glück hielt ich mich nicht lange damit auf. Sogar die lästigste aller Pflichten, die Hausarbeit, gelang durch Gewohnheit. Fußböden und Fenster putzen machten mich geradezu krank. Und schlimm genug: Die Kocherei war nie meine starke Seite. Aber wo kämen wir hin, so sagte ich mir, wenn wir uns die Rosinen aus dem Lebenspudding polkten. Zum täglichen Programm gehörte alles. Ich krönte es mit einer Belohnung durch MEDINA. Aber auch Alwine hatte eine stille Liebe für die Stute. Ich sah sie oft beieinander. Mit einer frisch aus dem Beet gezogenen Mohrrübe tanzte das Mädchen lockend vor ihr her. Nie bemerkte ich, daß das intelligente Tier dabei aufdringlich wurde. Haben Kinder zu Tieren ein besonderes Verhältnis, unbelasteter, natürlicher?

Der Sommer ging kaum merklich in Herbst über. Am Abend wärmte eine wollene Jacke angenehm, die Felder zeigten sich als weite leere Flächen. MEDINA hatte eine Menge dazugelernt. Sie kannte meinen Lieblingsweg auf den Wiesen am Erlensee, und sie hätte jederzeit von all den Stellen heimgefunden, die wir bei unseren Abendritten streiften. Und noch einer war dabei, der es kaum erwarten konnte. Weil er so großplump-schwarz war, verbreiteten seine kindlich wirkenden entzückten Gefühlsausbrüche Heiterkeit; Jonas der Hofhund.

Hinter der letzten Biegung am Waldrand, wo eine einzelne schräg gewachsene Kiefer stand, dehnte sich weithin übersichtlich die Bruchwiese. Sumpfkratzdisteln bildeten kleine Inselchen im trockenen Grasmeer. Hier durfte sich das Pferd im Tempo strecken. Es spürte, wie ich mein Gewicht aus dem Sattel nahm, die Hände leicht am Widerrist stützte. Die Bewegung zweier Wesen verschmolz. Doch Vorsicht: Ein solcher Galopp muß ruhig geritten werden. Es gab Hasen hier, die erst aufsprangen, wenn wir fast über ihnen waren. Dann verließ uns Jonas für kurze Zeit, um hechelnd nachzukommen. Einen Hasen hat er nie erwischt.

Eine halbe Parade genügte, um die Braune im Tempo zurückzunehmen. Die Ohren spielten, der ganze Leib wartete auf das nächste Signal. Stillstehen nach einem so fliegenden Rennen ist wie eine Strafe. Und es mußte ja auch nicht sein. Fast aus dem Stand heraus entsprang von Neuem dieses Fabelwesen, halb Mensch, halb Tier.

Hinter dem Erlensaum sank die Sonne.

Pferdekarussell

In der Schusterstube klapperte die Schreibmaschine. Das war ein gutes Zeichen und hieß: Bitte nicht stören!

Jetzt, wo ich eine Geldverdienpause machte, war die Arbeit meines Mannes für uns von besonderer Bedeutung. Wir bekamen kein Gehalt. Unsere Kasse klingelte nur, wenn etwas abgegeben wurde: Geschichten, Artikel, Romane. In meiner Dunkelkammer standen die Entwicklerflaschen leer, Staub lag auf den Tischen. Für die Presse zu fotografieren, setzt ein Vagabundenleben voraus. Das ließ sich nicht mit der Familie vereinbaren.

An diesem Morgen war Alwine schon auf dem Schulweg, und Gustel kürzte die Strecke zum Kindergarten über die Koppel ab. Zweimal über einen Zaun, einmal über den Bach, er war dort. Im naßtauigen Gras hinterließ jeder Schritt Spuren. Die Luft war gefüllt mit Sonne, Spinnweben und bis zum Bersten mit Vogelgezwitscher; erregend wie die Laute beim Einstimmen eines großen Orchesters, kurz bevor die Vorstellung beginnt.

Noch war die Wäscheleine leer. Es würde ein guter Trockentag für all die Höschen, Nickis, Hemdchen und Röckchen, Blusen, Schürzen und Jeans. Für einen Augenblick stand ich im wärmenden Licht und nahm auf, was mich umgab. Die drei alten Kastanien überragten weit unser Haus. Noch standen sie voller Laub. Aber wann hatte der Maler Herbst sein Werk begonnen? Schaute ich so wenig nach oben, daß ich´s nicht bemerkte? Leuchtendes Gelb, schmale braune Ränder. Und dahinter? Herbstblauer Himmel, ein wenig bläßlicher als im Sommer. Auf den Leitungsdrähten sammelten sich Schwalben: „Rücke ab, rücke ab, ein Plätzchen für mich!“ Nur die Störche waren schon davon. Spatzen tschilpten unaufhörlich. Vor der Hauswand Sterne und Pompons vielfarbiger Blumen, Büsche flammender Herbstastern am Zaun. Noch standen Wiesen und Grabenränder im saftigen Grün. Dieser Tag schien so vollendet in seiner Harmonie, daß ich schmerzliche Wehmut über seine Vergänglichkeit empfand. Es war wie die Begegnung mit einem sehr lieben Menschen, bei der man darum bangt, daß kein Mißton sie stören möchte. Wie ein Wunder erschien es mir, daß die Stimmung der Natur sich auf mein Fühlen zu übertragen vermochte. Es war nur noch Platz für gute Gedanken.

Wie, wenn ich Alwine eine freudige Überraschung machte? „Komm, Mädchen, heute kannst du an der Longe reiten, solange du willst.“ Nachmittags saß das Kind erstmals auf dem blanken Pferderücken. „Wie sitzt es sich da?“ „Hoch“, sagte sie, und ich verstand, was gemeint war: ungewöhnlich, erhaben, vielleicht sogar märchenhaft. Früher ritten vor allem die Könige und Königssöhne, sie nahmen schöne Prinzessinnen in langen Röcken zu sich aufs Roß.

Meine kleine Prinzessin ritt in kurzem Röckchen, so kurz, daß es gerade den Hintern bedeckte. MEDINA´s Rücken war warm und glatt. Die Haltegriffe am Gurt gaben Sicherheit. Nach einigen Schritten ließ ich die Stute antraben. Wie selbstverständlich das

Mädchen da oben saß, unverkrampft, ohne Angst. Ihr schmaler Körper fiel nicht vornüber wie bei vielen Anfängern. Sie hielt die Beine fest am Pferd und ließ sich von der Bewegung mitnehmen. Ein ganz leichtes, glückliches Lächeln um den Mund, voller Erwartung. Sie sprach nicht, und sie rief nicht, sie war ganz bei der Sache. Wir machten eine kleine Pause, wechselten die Richtung und begannen wieder im Schritt. „Trab ist schöner", sagte sie, mehr nicht. „Du sitzt gut", lobte ich, „vielleicht schon das nächstemal versuchen wir einen kleinen Galopp. Er ist weich wie auf einem Schaukelpferd, du wirst sehen."

Das Pferdekarussell hielt an. Alwine rutschte seitlich herunter, klopfte der Stute den Hals, flüsterte ihren Namen und sagte: „Brav – brav." Ganz sicher verstand MEDINA das Lob. Sie stupste die Kleine mit der Nase, ihre Lippen suchten an den Rocktaschen. „Hab' ich ganz vergessen", entschuldigte sich das Mädchen und holte ein Stück Brot heraus. „Und morgen, Mutter, darf ich wieder?"

Der Anfang hatte Mut gemacht. Ich dachte voraus. Wie würde sie ihren ersten Sturz aufnehmen? Die meisten Abgänge waren harmlos. Selbst ein angebrochener Arm, na und? Wer mit dem Motorrad stürzt, kam meist nicht so gut davon. Unangenehmer war der Fall auf den Rücken, als der Atem ausblieb, ich röchelnd um Luft rang. Man beklopfte meinen Rücken und – plötzlich war alles wieder in Ordnung. Lange vorbei.

Keine drei Wochen waren seit der ersten Übungsstunde vergangen, da ritt unser Mädchen in guter Haltung Galopp. Einmal war es kritisch geworden, als die Stute ihr Tempo zu schnell beschleunigte. Gegen die Schwerkraft ihres Körpers waren die kleinen Hände zu schwach. Alwine wurde in Sekundenschnelle heruntergeschleudert. Der Aufprall schmerzte, sie weinte. Streichelnd drückte ich die Kleine an mich. „Ist es sehr schlimm?" Gleichermaßen erschrocken wie ratlos stand ich da. Wollte ich wieder einmal zu schnell zum Ziel?

„Weißt du noch, als du radfahren übtest? Es dauerte Wochen, und kein Sturz konnte dich abbringen. Du wolltest es können. Und nun, was werden wir jetzt tun?" Alwine schüttelte den Kopf: „Ganz so schlimm ist es ja nicht. Ich möchte schon wieder rauf – etwas langsamer nur."

Einverstanden. Hauptsache, nicht aufgeben. Wir hatten gewonnen. Allein – endlos Pferdekarussell reiten könnten wir nicht. Es mußte eine bessere Lösung geben.

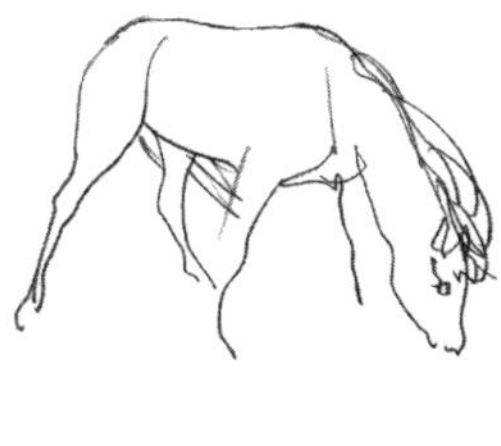

Stallkompass

Die Sonne wärmte, daß man für Stunden an Sommer glauben konnte. Aber es waren nur wenige Stunden, und die Blätter tanzten von den Bäumen. Wenn die Kinder darin herumsprangen, raschelte es. Bald würde kalter Regen sie unansehnlich und lappig machen. „Schöner Herbst!“ rief Gustel freudestrahlend. Ich wußte, wenn er vorbei sein würde, freuten sich die Kinder auf den Winter. Sie begrüßten jede neue Jahreszeit mit Jubel. Mir gelang das nicht. Ich dachte an viele praktische Dinge, die Erschwernis brachten. Zum Beispiel wurde es früher dunkel. So einfach konnte ich meine Abendritte nicht auf andere Stunden verlegen. Wieder stand für mich die Frage neu: Muß eine Hausfrau mit Kindern sich ein Pferd halten und damit in der Gegend herumreiten? Natürlich konnte ich für eine Zeit Wünsche unterdrücken. Doch dann kam der Tag, an dem ich unlustig und reizbar wurde. Was trieb hier wen? Viele Jahre später gab mir eine Dichterin Antwort auf diese, also auch ihre Frage. Da bekundet sie in einem Vers neben anderen sehr einleuchtenden Beispielen: „… denn wir leben auch von Dingen, die man nicht berechnen kann.“ (Eva Strittmatter) Also begannen wir zu üben, was ein Leben lang notwendig ist: Bedürfnisse aufeinander abzustimmen. War ich mit der Stute unterwegs, so hieß es: Warum gerade jetzt? Oder: Warum so lange? Aber es hieß niemals: Warum überhaupt?

Heute hatten sich Wolken vor die untergehende Sonne geschoben. So recht vorwärts mochte MEDINA nicht. Vielleicht spürte sie meine Unentschiedenheit. Niemand schrieb vor, welche Wege in welchem Zeitmaß wir zu bewältigen hatten. Scharfer Wind bewog uns, besser im Wald zu sein, Sonne zog auf die Weiten der Felder, es gab Routen für viel Zeit und welche für einen kurzen Ritt. Oft entschloß ich mich erst beim Aufbruch für eine Richtung. Über den frisch umgebrochenen Acker, feucht und krümelig, kamen wir langsam voran. MEDINA's ruhig-kraftvolle Schritte erinnerten an die Arme der Großmutter, die in meiner Kindheit mit gleicher Beharrlichkeit den Brotteig im Holztrog knetete.

Der schmale Weg in den Wald ähnelte von fern einer Röhre. Baumkronen sorgten für Schummerlicht. Die Stute war daran gewöhnt. Nur dort, wo vor der schmalen Überführung des Grabens eine Pfütze blinkte, weigerte sie sich. Das war neu. Schenkeldruck und Gertentupfer brachten sie nur dazu, seitlich auszuweichen, umzudrehen. Nervös trat sie auf der Stelle. Der Wald schaute uns schweigend zu. Es war nicht der Platz, mit einem Gewaltakt das Tier hinüberzuzwingen. Auch war ich mir nicht sicher, wer letzten Endes seinen Willen durchsetzen würde. Sollte der Reiter nicht der Klügere sein? Ich stieg ab, spielte die Leitstute, führte am langen Zügel. Vorsichtig zwar, aber doch willig, folgte MEDINA. Wir hatten beide gewonnen. Ich saß wieder auf. Tiefe Traktorenspuren im zerfahrenen Weg, herabgebrochene Äste von

Gras überwuchert. Eine Fichte, wie eine Schranke über der Spur, umritten wir. Vom letzten Sturm sortiert, lagen die einst stolzen Riesen auf dem Boden. Niemals vordem hatte ich wahrgenommen, daß dieser Waldunterground es gut mit den berühmten Buckelwiesen Islands aufnehmen kann. Vor Jahren gepflügt, um dem natürlichen Nachwuchs auf die Sprünge zu helfen, tarnten Gräser und Farne die Untiefen. „Nicht so hastig, tritt langsam, schau selbst, wo du deine Hufe aufsetzt!" Die Stute balancierte, jede ihrer Bewegungen übertrug sich auf mich. Anders als bei der Ausbildung auf dem Hufschlag, Figurenreiten, Staubschlucken, Pferde bewegen. Wie viele Methoden und Möglichkeiten mag es geben, um reiten zu lernen?

Beim nächsten Sturzbaum entschied ich anders. Sein astloser Stamm verlockte. MEDINA's Versuch wurde ein Mittelding zwischen drübersteigen und springen. „Wozu die Aufregung, spare deine Kräfte, es genügt, wenn du drübersteigst", beruhigte ich sie. Am Ende unseres Querwaldweges stieg die Stute gelassen über jeden Stamm. „Siehst du", lobte ich, „lernen müssen wir alle." Sie nickte mit dem Kopf. Aber das machte sie wohl immer, wenn sie Schritt ging.

Unser Kurzstreckenring näherte sich seinem Ziel. Hinter den letzten Bäumen lag ein baufälliges Waldarbeiterhaus. Ein Mann mit seinem Sohn bewohnte es. Im verwilderten Garten stand eine Vogelscheuche am Kirschenbaum. Die Planefetzen knisterten und erschreckten das Pferd. Es machte einen kleinen Satz zur Seite. Rasch vorbei an diesem Ort. Selbst auf einem Pferd fühlte ich mich nicht sehr wohl hier.

Vor uns breitete sich der eingesäte Acker. Ich ritt vom Weg ab ein gut Stück auf das Feld, Luftlinie Stall. Ob MEDINA allein nach Hause finden würde? Ganz lang ließ ich die Zügel und saß so lose im Sattel wie möglich. Es war schwerer, als ich gedacht hatte. Beim Radfahren und beim Reiten sind die Bewegungen instinktiv mit der Tätigkeit verbunden. Ich denke 'rechts herum' und automatisch gebe ich die Hilfen dazu. Nun durfte ich zwar denken, aber nichts dazu tun. Über diese verrückte Situation mußte ich lächeln. Und MEDINA? Sie kam sich wohl noch komischer vor. Ungewohnt allein gelassen. Sie sollte mich tragen, erhielt aber keine Signale mehr. Große Ratlosigkeit. Dann machte sie das Beste daraus, sie suchte etwas zu fressen. Damit hätte sie mich ausgetrickst, so lange könnte ich nicht warten. Aber hier wuchs nichts. „Geh nur, geh, wir wollen zum Stall“, ermunterte ich. Im Schritt und in hilflos großen Schlangenlinien kamen wir voran, mal Richtung Stall, mal Richtung Wald, bis auf die Hügelkuppe. Hier blieb sie stehen. Wieder meine treibende Stimme. Und jetzt zog sie ziemlich sicher über das Feld zu den Kastanien und landete an der hinteren Seite des Grundstücks. Abwarten, Geduld, würde sie auch den Eingang finden? Nach einigen Bissen Gras trottete sie am Zaun entlang zum großen Hoftor. Das war geschlossen, nur die kleine Pforte stand offen. Die nahm sie nicht. Lieber ging sie durch das große Tor auf den Nachbarhof. Ich ritt sie zurück auf die Straße. Es blieb dabei: lieber zum Nachbarn als durch die schmale Pforte. Die Spielerei hatte Zeit gekostet, wieder war mir etwas Kenntnis zugewachsen. Ich lobte die Stute: „Gut gemacht! Wenn dir niemand den Weg zeigt, immer ab nach Hause. Und – in der richtigen Tür irren sich sogar erwachsene Menschen.“

Reiten im Winter

Die Weihnachtsruhe war vorüber. Auch das traditionelle Foto am Tannenbaum für die Familienchronik wurde gemacht. Der Selbstauslöser an der Kamera hatte es belichtet. Wir sind nun auf einem Dokument. Viele Jahre später werden wir darauf die Gesichter absuchen nach den Spuren, welche sich von Jahr zu Jahr mehr eingraben. Alte Fotos besitzen einen Zauber besonderer Art.

Es sind schlichte Schwarzweißbilder, die ich selbst entwickelte. Da sind Vater, Mutter, Tochter und Sohn noch gemeinschaftlich beieinander. Die Weihnachtsattribute fehlen nicht: die große Puppe mit den Schlafaugen, die neue Kette, das Plasteauto an der Fernlenkung, meine neuen Schuhe und der Rollkragenpullover meines Mannes. Was wird sein, wenn ich zwanzig und mehr Jahrgänge vor mir werde ausbreiten können? Behalten wir unsere Neugier.

Mich packte Reitunruhe, trotz der fallenden Nässe. Vielleicht auch hatte ich die warme Wohnung, das füllige Essen einfach über, wollte steife Stiefel, kaltes Lederzeug und ein ausgeruhtes Pferd.

Feuchter Lehm hinterm Haus, die Hufe rutschten. Die Braune hatte es eilig, ihre Beine verlangten Bewegung. Sprühwolken stoben uns entgegen. Da war es angenehm, in den Wald zu kommen. Wind und Regenschauer ließen nach. Brombeerranken über den Weg behinderten den flotten Trab. Erst als wir in eine Lärchenschonung einbogen, erlaubte der Boden normales Vorwärtskommen. Ein Teppich rotbrauner Nadeln schluckte jedes Geräusch. Windstille überall. Nicht einmal das verlorene Piepen einer Tannenmeise. Leise knarrte nur das Sattelzeug im Takt, mitunter schnaubte die Stute. Ein wenig bitterlich duftete der Wald. Durch seine naßkalte Luft sprach Einsamkeit. Am Kastanienweg, wo die Felder beginnen, führt die Strecke bergab. Immer wieder veränderte sich der Untergrund, verlangte Anpassung. Dann das lange Dorf mit seiner Asphaltstraße, kläffende Hunde an den Zäunen, Tannenbäume mit elektrischen Kerzen in den Vorgärten, kaum ein Mensch unterwegs. Einer ging über die Straße, sah mich an wie eine Erscheinung. Mitunter wünschte ich mir eine Tarnkappe.

Wir hatten den Kiesweg erreicht, der beide Dörfer verbindet; MEDINA's Lieblingsstrecke. Sie trug keine Hufeisen, lief 'barfuß'. Elastischer Sand, wie Strand am Meer. Sie schleuderte die Beine in die Luft, richtete den Hals auf, aus der Bewegung sprach ihr Adel. Eine dichte Schlehdornhecke begleitete uns. Nur ein Vogel müßte jetzt auffliegen, etwas müßte im Gestrüpp rascheln und ein entsetzter Satz seitwärts wäre gewiß gewesen. Aber heute störte nichts. Unser Gleichklang blieb erhalten. Ich hätte Hindernisse springen mögen, schwerelos wie sonst nur im Traum fühlte ich mich.

Die Hecken blieben zurück, wir erreichten freies Feld. MEDINA blieb stehen, drehte ihren Kopf mit offenen Nüstern voll in den Wind, dem stärker einsetzenden Regen entgegen, starrte auf das Bild vor uns. Wie zum Abschied brach über den Wolkenballen strahlend gelber Himmel hervor. Wolkenfetzen trieben auf uns zu, eine fremdartige Helligkeit umfing die Landschaft. Rundum Grau in Grau und der Hintergrund nachtdunkel. Einen kurzen Moment nur stand die Stute, dann ging sie von allein weiter – stallwärts.

Ein Reiter mutterseelenallein am späten Winternachmittag auf den Feldern. Da sagt man schnell: „Warum nimmt sie nicht ihr Auto?" oder „Der geht´s zu gut!" Aber einer sagt vielleicht: „Die sucht etwas." Das muß man erst verstehen. So habt denn Verständnis dafür, wenn ein Mensch auf der Suche ist. Es könnte etwas Besseres sein als Geld.

Überwindung kostet mich nur die kurze Zeitspanne vom warmen Zimmer bis zum ersten Schenkeldruck. Es ist schon wichtig, was ich mir über den empfindlichen Körper ziehe, bevor der eisige Ostwind mich umarmt. Fallen mir die Zehen oder Finger vor Kälte ab, belehrt mich die falsche Kopfbedeckung über meine Dummheit, bin ich selbst daran schuld. MEDINA´s dichtes Winterfell ersetzte ich durch Stepphosen, dicke Jacke und Filzstiefel. Leichtfertigkeit leistete ich mir nicht.

Für das, was ich auf meiner Suche fand, gab es einen Verbündeten: mein Tagebuch. Gewissenhaft half es dem Gedächtnis. Eine andere Art von Training. Ich schrieb hinein, was ich neu entdeckte, wie ich Bekanntes in anderem Licht erlebte, warum mein Pferd etwas Bestimmtes tat oder nicht tat. Denn die Wege, die ich reite, die Steine, welche ihn säumen, die Baumgruppen, durch die ich komme, bleiben wohl die gleichen.

Als MEDINA gerade eingeritten und den ersten Winter unter dem Sattel ging, ließ ich selten eine Gelegenheit dazu aus.

Ende Januar verwandelte scharfer Wind den Schnee in Eisharsch. Die Pflanzen warteten darunter getrost auf den Frühling. Für die freilebenden Tiere bedeutete es Notzeit. Die Rehe schienen zahmer zu sein. Hunger trieb sie in die Nähe unserer Gärten. Die Pferdehufe sackten durch die Eiskruste der Felder. Im Windschatten des Waldes suchte ein Rudel Rehe sein Abendfutter. Weil wir gegen den Wind gingen, bemerkten sie uns spät. Zögerlich sprangen sie davon. Der sonst so zauberhafte Lärchenwald empfing uns unpoetisch und düster. Eisige Ruhe rundum. Aber sanft wiegte mich der Pferderücken, beruhigend schnaubte die Stute, und meine Hände wärmten sich an ihrem Hals. Als wir den kleinen Bach passierten in Richtung der hohen alten Fichten, stand uns unverhofft die Abendsonne gegenüber. Ihr Feuer loderte durch die Bäume und machte sichtbar, wie ganz fein der Schnee aus den Nadeln herniederstob. Unwirklich, behutsam ver-

zögert, wirkte die sachte Bewegung. Ab und zu löste sich ein kleiner Batzen von den Zweigen und barst herab. Lautlos, schimmernd, im Strahl der späten Wintersonne, bevor sie wieder hinter den Wolken verschwand. MEDINA stand reglos. Empfand sie ähnlich?

Ich glaube, an diesem Nachmittag waren wir allein d a r u m unterwegs gewesen.

Der Ostwind blieb im Land. Er bewirkte, daß die wenigen Frostgrade täuschten und trieb mit uns sein Spiel. Er blies auch durch meine dicke Wollmütze, daß die Ohren schmerzten. In der Schublade lag eine gefütterte Lederkappe, nicht sehr kleidsam. Für wen diese modische Eitelkeit? Niemand sah mich auf meinen späten Ritten – außer den Rehen.

Die Wegspuren bildeten eine Schlitterbahn. Glatteis-Eisballett, auch für die Stute, die sich geschickt immer wieder nach einem Ausrutscher fing. Sie spielte nicht die Erschrockene. Sie nahm es, wie es kam. Die Erde war verwandelt, also mußte man sich anpassen. Im Wald die Laubdecken waren von Wildschweinen durchfurcht. Sie hinterließen ihre Speisekammer unordentlich. Aber wer weiß, welch tiefer Sinn auch darin verborgen liegt? Das kleine Bruch daneben stillverwunschen, von Erlen durchzogen. Unterwegs sein schärft die Beobachtung, und ich meine, daß das Tier Anteil daran nahm. Vieles sah es zuerst. Wundert es, daß ich bei meinen einsamen Erkundungen ins Philosophieren geriet? Beziehungen herzustellen suchte? So meinte ich zu erkennen, daß mir der Wald immer das zu geben vermochte, was ich suchte: Schönheit, Freude, Trost und Einsicht, Einsamkeit, Beständigkeit und anderes mehr.

Es würde kalt heute nacht. Im eisigen Wind strebte MEDINA dem Stall zu. Wieder schreckten wir Rehe auf, wieder starrten sie uns an, machten einige Sätze und verhielten. Die Stute nahm sie nicht wichtig. Sie wußte, wo sie ihr Futter erhielt.

Es war angenehm, dem Pferd zuzuschauen, wenn es sein Heu mit der Nase durchwühlte. Nicht alle Halme sind gleich wohlschmeckend. Es ließ sich Zeit, die Nacht war lang. Genüßlich kaute es Maul für Maul.

Ich bewegte mich im Schongang. Selbst den Kopf zu drehen, bereitete Schwierigkeit. Keine Ahnung, wie ich dazu gekommen war. „Heute wird´s wohl nichts mit uns beiden", sagte ich übertrieben stöhnend zu MEDINA und strich den glatten Hals entlang. Aber bis zum Abend war es lang hin, und das häusliche Tagewerk ist kein Balsam für die Seele.

Zum Wind hatten sich Sonne und Frost gesellt. Die Kinder schlitterten. Je glatter die Bahn, desto besser. Warum eigentlich brechen sich Kinder fast nie etwas bei solchen Spielen? Sie fordern es geradezu heraus, stürzen, kugeln, fallen und springen wieder hoch wie die Stehaufmännchen. Abends ging es mir besser. Wollte ich ihnen ähnlich sein, weil ich doch mein Pferd sattelte? Immerhin hat es vier Beine, die rutschten nicht auf einmal fort, hoffte ich.

Hinter den letzten Häusern breitete sich schneeglitzernde Fläche. Rot hing der große Sonnenball über dem Horizont. Als zöge er uns magisch an, ging MEDINA ihm entgegen, Schritt für Schritt durch den gefrorenen Schnee, ohne Eile, als spürte auch sie Feierlichkeit. Nichts sah ich um mich herum, außer dem roten Licht. Nichts tat ich, als mich mitschwingen zu lassen. Bis auf das Geräusch des brechenden Harsches umgab uns Lautlosigkeit. Nur atmen, sehen und fühlen. Ein Graben zwang uns, die Richtung zu ändern. Am Wiesenbeginn lag eine kleine Baumgruppe plastisch im Gegenlicht. Wohl zwanzig Rehe suchten unterm Schnee, äugten herüber, suchten weiter. Ihr Hunger war stärker als die Furcht.

Langsam zog MEDINA mit mir ihre einsame Spur. Hügelan aber, wie von einem Motor getrieben, steigerte sie stets das Tempo. Auf der Kuppe ließ ich sie verharren, jeder Schritt hatte Energie verlangt. Die Flanken bebten, aus den Nüstern stieß Dampf. Noch einmal blickten wir in die Richtung der Sonne, aber ihr Glutball war verschwunden.

Auch mein Atem stand wie Rauch in der Luft. Der weiße Mantel der Erde reflektierte nur Erinnerung. Da war es gut, einem Ziel zuzustreben.

Panik

Mitte Februar machte der Winter eine Pause, schickte den Frost ostwärts, ließ milde Winde zu uns und gestatte, daß die knallharten Äcker wieder zu weicher Erde wurden.

MEDINA erhielt ein Maß Schrot mehr heute früh. Ich wollte mich im Wald umsehen, mich zwackte Frühlingssehnen. Die Fichtenstämme zeigten sich schwarz vor Feuchtigkeit, aber in ihren Nadeln schien der Saft zu arbeiten, sie leuchteten in ihrem Grün. Einem großen Raubvogel paßte unsere Gegenwart nicht, seine Schwingen raschelten, als er verschwand. In diesem ausgedehnten Waldstück würden wir kaum jemand begegnen. Am Wegrand lag die Försterei mit ihren Gebäuden, dem großen Hof und dem verwilderten Garten. Seitdem seine Frau ihn verließ, lebte der Förster allein hier. Nun suchte er eine, die die Einsamkeit besser verträgt, eine neue Eva für sein Paradies.

Hinter dem Garten schlängelt sich ein Flüßchen durch feuchte Wiesen und verbindet zwei Seen miteinander. Eine davon hatte ich Kuckuckswiese genannt. Nicht nur, weil dieser Vogel im Sommer häufiger Gast war, auch weil die zartrosa Blüten der Kuckuckslichtnelke hier besonders dicht standen. Der Reiz einer blühenden Wiese im Juni, wenn Schaumkraut, wilde Möhre und Vergißmeinnicht zwischen wogenden Gräsern stehen, begleitet mich seit der Kindheit.

Vielleicht auch darum bin ich gerne dabei, wenn es ans Heuen geht. Doch in dieser Jahreszeit war sie nichts als ein sumpfiges Stückchen Land, überzogen von einer graubraunen verfilzten Decke, die Frost und Nässe aus den Pflanzen gewirkt hatten. Eigentlich, so dachte ich, ist sie einem Menschen ähnlich. Auch er hat seine Jahreszeiten, auch bei ihm genügt nicht der Eindruck eines Augenblicks, um ihn in seiner Vielfalt zu erahnen.

Der Ritt war erholsam gewesen und bei Gedanken und Erinnerungen die Zeit verstrichen. Wir näherten uns der Hauptstraße, die wir für ein kurzes Stück nicht umgehen konnten. Straße bedeutet Autos, und Autos, wenn sie groß und dröhnend sind, flößten MEDINA immer noch Angst ein. Ich ritt scharf rechts, fast zwischen den Chausseebäumen. Auch Autofahrer können vernünftige Menschen sein. Sie drosselten ihr Tempo, hielten Abstand, nahmen Rücksicht. Man müßte mit der Stute in einer Gruppe reiten, um sie an größere Fahrzeuge zu gewöhnen. Nur, es gab keine Gruppe in meiner Nähe. Immerhin hatte die Braune so viel gelernt, daß Motorräder und Personenautos harmlos waren. Aber dann kam ein Riese: Kieslaster mit Hänger. Beim Überholen drückte der Fahrer kräftig auf die Hupe, grinste aus dem Fenster und erschrak über seinen dummen Scherz, als MEDINA einen Satz aus dem Stand machte. Die Hufe rutschten auf dem Asphalt, fast wäre sie gestürzt. Das schwere Fahrzeug schaffte einen Schlenker zur Straßenmitte und war vorbei. Ich sprang aus dem Sattel, fluchte, spuckte aus. Schuld war eindeutig ich. Wie konnte ich nur annehmen, daß alle Menschen mit einem gesunden Verstand und Liebe zur Kreatur ausgestattet wären! Wir kletterten durch den Straßengraben aufs Feld – nichts wie heim. Nicht ahnend, was uns noch an Undenkbarem bevorstand.

Im ruhigen Schritt kürzten wir unsere Strecke über die grüne Saat ab. Wir richteten keinen Schaden dadurch an, auch nicht, wenn die Stute ab und zu ein Maul von der frischen Delikatesse rupfte. Ich ließ ihr den Zügel ganz lang, sie kannte die Richtung. Sollte sie nach dem Schreck ruhig werden. Immerhin waren wir gut davongekommen.

Sollen wir Ahnungslosigkeit loben? Ich fühlte mich wohl in ihr, ließ die Augen schweifen, verdrängte den Ärger. Da geschah es. In kopflosen Galoppsprüngen ging mein Pferd mit mir durch. Die Zügel fanden keinen Widerstand, der zerrissene Zaum hing über dem Hals. Hörte es meine Stimme nicht mehr? Wie in Urzeiten, wenn die ganze Herde nur noch in Flucht Rettung sucht, stürmte es in Panik davon. Ritt auf einer Rakete. Nur nicht in den Bügeln hängenbleiben! Seitlich ließ ich mich auf den lehmigen Acker fallen, rannte hinterher, bis die verklebten Stiefel mir den Atem nahmen. Ein Teil des Sperrhalfters lag da. Ein Stück weiter fand ich den Rest des Zaumes mit dem Gebiß, das in der Mitte auseinandergebrochen war. Wie konnte das geschehen? Weiter zur Straße. Am Bushäuschen wollten zwei Männer die Stute fangen. Sie reagierte mit erneuter Flucht, wendete und verschwand kurz darauf im Wald. Auf der Straße stoppte ein Moped. Der Junge nahm mich mit. Wir wollten MEDINA einholen, doch ihre Spur verlor sich. Es war, als habe der Wald sie geschluckt. Zu Fuß hastete ich nach Hause in der Hoffnung, sie wäre schneller als ich angekommen. Was mochte mein Mann denken, wenn MEDINA ohne mich heimkam? Bei der Vorstellung litt ich doppelt. Dunkelheit zog auf, die Nacht versprach kalt und naß zu werden. Die Stute war nicht da. Mein Mann sagte nichts.

Die Nachbarstochter erschrak. Sie liebte die Stute. Mit ihrem leichten Motorrad kutschierte sie uns geschickt über Wurzeln, Äste, Unebenheiten, die aufgeweichten Pfade waldauf und waldab. Und dann sahen wir fast gleichzeitig die dunkle Masse, unbeweglich dort vorn. War das die Braune? Ja – nein, ich wollte es nicht glauben. Und ich mußte es auch nicht glauben, es war ein umgestürztes Faß der Harzer.

Kurz darauf wurden wir fündig. Im Geäst eines Strauches hing an einem Riemen der glänzende Steigbügel. MEDINA war also hier gewesen. Wenn nur der Sattel nicht unter den Bauch rutschte bei dieser kopflosen Flucht, sie könnte sich zu Tode hetzen. Meine Gedanken waren nicht zu bremsen. Wir suchten, bis die Dunkelheit es sinnlos machte. Die Nachbarstochter war den Tränen nahe. Wir mußten aufgeben.

Im Stall stand dampfend die Stute. Mein Mann hatte ihr fürsorglich eine Decke über den Rücken gelegt und Heu vorgeworfen. Sie rührte es nicht an. Sie war vollkommen erschöpft. Als sähe ich ein fremdes Pferd.

Mein Mann sagte wenig. Ja, sie sei auf den Hof gekommen und habe gewiehert. Alles weitere sähe ich ja. Er wirkte gefaßt, aber ich spürte eine Distanz, als gäbe es für diesen Vorfall einen Schuldigen.

In meinem Kopf wirbelten die Gedanken. Ich versuchte zu ergründen, wie alles geschehen konnte. Vielleicht war es so: Die Stute fraß Schritt um Schritt die junge Saat, trat sich dabei auf den hängenden Zügel, riß den Kopf durch die Behinderung erschreckt hoch, so stark, daß im empfindlich weichen Maul das Eisen des Mundstücks zerbrach. Der Zaum rutschte über den Hals, machte sie hilflos, es gab keine Verbindung zum Reiter. Der rasende Schmerz, die blutende Zunge, der erneut panikartige Schreck signalisierten nur Flucht.

So könnte es gewesen sein. Ich werde es nie erfahren, ob es tatsächlich so war. Im Stall hatte die Stute zu fressen begonnen. Erleichtert setzte ich mich zu ihr, und jetzt erst heulte ich erlöst und ohne Hemmung. Ich hatte MEDINA wieder.

Kalter Nieselregen schlug gegen die Fenster. Als ich morgens die Stute aufsuchte, begrüßte sie mich zutraulich wie immer. Nur ihr gestern noch schweißnasses Winterfell war kraus und struppelig getrocknet. Und immer wieder frage ich mich, ob das zu verhindern gewesen wäre. Ich weiß es bis heute nicht. Fest steht, daß ich es nicht gekonnt habe.

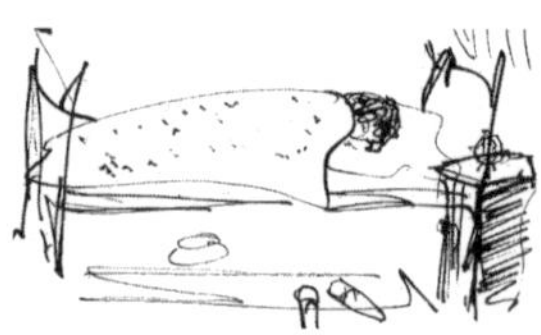

Neue Wünsche

Nicht mehr Winter – noch nicht Frühling. Morgens glitzerten die Koppeln im Reif, das Wasser im Pferdeeimer überzog eine Eisschicht.

Die Mittagssonne öffnete die Nester der Krokusse, weiß, violett, goldgelb. MEDINA wechselte ihr Fellkleid. Putzte ich sie zuwenig, so wälzte sich die Braune mit großem Vergnügen auf der Erde. Dann schlugen ihre schlanken Beine in die Luft, und vor jedem neuen Überrollen scheuerte sie den Hals gegen den Boden, als wollte sie sich abstoßen. Immer mußte es mehrmals gelingen, ehe sie sich mit den Vorderbeinen hochstreckte, danach hinten abstieß und den Körper so kräftig schüttelte, daß die Bewegung bis in die Hufe hinablief. Schmutz und Haare flogen umher – mein Pferd hatte Toilette gemacht.

Der gepflügte Acker zeigte seine Farbigkeit vom satten Schwarzbraun bis zum lichten Gelb. Dahinter wartete schwarzviolett der Wald. Tanzenden Schneeflocken gleich hoben und senkten sich Möwen in grellweißem Gefieder. Hoch am Himmel aber tirillierte die Lerche.

Der Schäfer fand wenig Schlaf. Seine Mutterschafe lammten. Bei uns muß das Glück nachgeholfen haben, sagte Alwine, denn sie zählte bei Lenchen drei und bei Liese zwei muntere Lämmer. Mit vier Beinen zugleich hopsten sie in die Luft, wenn sie wendig wie Hasen ihre übermütigen Bocksprünge machten. Ob Sonne, Wind oder Regen, allein schon ihr Leben machte sie glücklich.

Wenn MEDINA ein Fohlen hätte? Wer sagte es zuerst? Die Kinder? Ich? Würden wir das schaffen?

Im Zoogestüt stand ein arabischer Schimmelhengst. Wenn er der Vater unseres Fohlens würde, vielleicht vererbte er seine Farbe? „Aber eine Braune ist doch auch schön", protestierte mein Mann, und natürlich hatte er recht. Nur, ob das Fohlen weiß oder braun oder andersfarbig wäre, um eine Hochzeitsreise mit MEDINA kamen wir nicht herum.

Die Laderampe eines Viehtransporters ist breit. Trotzdem zögerte die Stute vor der Schräge und dem fremden Laderaum. Ich erinnerte mich an unsere neue Brücke. Zeit lassen, keine schnelle Gewalt. Der Fahrer hob ihren Vorderfuß auf die Klappe, ich lockte mit Brot. Zwei Helfer mit zusammengefaßten Händen schoben sachte nach. MEDINA war unschlüssig. Immer noch lockte ich, schob auch einen Leckerbissen ins Maul, zupfte am Halfterstrick. Plötzlich machte sie einige Schritte auf mich zu. Es polterte gewaltig, und sicher auch darum wollte sie mir so schnell als möglich folgen. In wenigen Sekunden stand sie auf der Ladefläche und ließ sich anbinden. Die gute Erfahrung würde uns bei späteren Transporten viel Mühe sparen.

Als wir die Stute nach der Reise vom Hänger holten, wieherte sie freudig. Sicher hatte sie uns vermißt. Wir Menschen verschönern uns die Zeit durch Vorfreuden. Auf das Fohlen währte sie elf lange Monate.

Später April

Da waren wir einen ganzen Tag in der Stadt, hatten im strengen Sinne nichts gearbeitet und waren am Ende müder als nach einem normalen Arbeitstag. Wir sind wohl keine Stadtmenschen. Die wieder meinen, sie möchten bei uns auf dem Lande nicht begraben sein. Gut, wenn jeder da ist, wo er hingehört. Die Entscheidung hatten wir schon vor Jahren getroffen. Stadtbesuch mußte sein, aber Heimkehr war immer gut. Tagsüber trieb Aprilsonne den Schweiß auf die Stirn, der Abend kündigte Nachtfrost an. „Müde, müde", gähnte Gustel. „Geht's nochmal raus?" deutete ich MEDINA's freudiges Brummeln.

Beide kamen zu ihrem Recht.

Meist sind es die kleinen Dinge, die uns Wohlbefinden geben. So meine bequemen, festen Arbeitsstiefel, der warme Pullover, die ländliche Ruhe und reine Luft. In weiten Kreisen umrundete mich die Braune. Nichts weiter tat ich, als ihren Bewegungen zu folgen, immer wieder verzaubert. Ging sie nach wenigen Schritten auf ein Wort hin in ausgreifenden Trab über, wechselte auf Zuruf in ruhigen Galopp, dann war sie am besten ansprechbar für kleine Aufgaben. Mit der Stimme holte ich sie in den Schritt zurück, ließ sie anhalten, forderte von neuem die Gangarten ab. Immer trug sie ihren Kopf anmutig erhoben, den Schweif in schönem Bogen. War ihr Bewegungsdrang sehr angestaut, so dröhnten die Hufe auf den Boden, und sie verlagerte ihren Körper nach innen, um der Longe zu folgen. Dann ließ ich sie rennen, bis sie vor Befriedigung schnaufte.

Blaß stand der Mond am Himmel. Im Windschatten der Hecke suchte sich die Stute zarte Grasspitzen. Vorgeschmack auf die Weidezeit, die Ferienzeit aller Pferde. Ich legte meinen Arm über ihren Hals und begleitete sie. Der Boden war weich, so daß sich die zierlichen Hufe abdrückten. Am Bach blühten voll die Weiden. Frühlingsduft überall. Sicher hätte die Stute noch lange dort gefressen, doch ich führte sie fort zum Stall. Nicht einmal widersetzte sie sich. Sie, die mir an Kraft um Vielfaches überlegen war, folgte wie ein williger Gefährte.

Kuckuckswiese

Eine gute Köchin kocht nicht nur mit Liebe, sie wird auch den Einkauf gleich wichtig nehmen, ihre Freude haben am Duft des fertigen Gerichts und dem Genuß der Essenden.

Alles was mit Pferden zu tun hat, ist mein Spaß. Heuen, Stall reinigen, putzen gehören bei mir zum Reiten. Sich sehen, hören, fühlen, so oft als möglich. MEDINA dankte es durch Freundlichkeit. Nicht einmal war sie launisch, keine angelegten Ohren, kein warnend mir zugedrehtes Hinterteil. Wer es nicht besser weiß, dem mag es übertrieben erscheinen, aber die Stute lehrte mich, einen Teil meiner Oberflächlichkeit abzulegen, mehr nachzudenken. Sie machte mich nachdrücklich darauf aufmerksam, daß meinem Willen Grenzen gesetzt waren und daß ich Mißerfolge ganz zuerst bei mir zu suchen hatte. Ihre Partnerschaft verlangte gegen meine Bequemlichkeit anzugehen, Furcht zu überwinden, volle Verantwortung zu tragen. Wenn es also richtig zugeht, so wurde ich ein etwas besserer Mensch durch mein Pferd.

Der grüne Juni war da und mit ihm Heuzeit. Es fließt altes Bauernblut in mir. Da bestimmten die Jahreszeiten das Leben. Mir war wohl, für den Winter vorzusorgen. Gutes Heu ernten, im Wettlauf mit der Witterung, ist eine einfache und nützliche Sache.

„Du könntest ja Heu kaufen, es in den Stall schaffen lassen", schlug mein Mann vor. „Dann könnte ich auch das Pferd in Pflege geben und nur noch gesattelt herausbringen lassen", gab ich zurück. Saß er am Fischwasser und ging der Kunst des Angelns nach, verstand er am ehesten, was ich meinte. Fisch kaufen im Laden ist in der Regel auch billiger.

Der breite Mähbalken des Traktors legte die hohen Gräser und Blumen der Kuckuckswiese säuberlich in eine Richtung. Sonne und Wind übernahmen die Umwandlung in Heu. Nur an einer Uferstelle des Flüßchens hatte die Maschine den torfigen Boden aufgewühlt, so daß Wasser in der Spur stand. Es grenzte an Kunstfertigkeit, diese weichen Wiesen zu mähen. Drei bis vier Tage, bat ich zum Wettergott, möge er den Regen fernhalten. In diesem Jahr war er mir gnädig. Die Schwalben jagten hoch.

Knappe drei Kilometer sind keine Entfernung für einen Reiter. Strick und Fessel in der Tasche, die hölzerne Harke in eine Hand, in die andere die Zügel, machten wir uns auf den Weg. Den Sattel brauchten wir nicht. Schattige Waldwege, der Duft des Sommers, ein gehorsames Pferd und die Freude auf das, was ich schaffen wollte, schöner konnte ein Tag nicht beginnen. Kein Lüftchen wehte, die Sonne stand schon hoch am Himmel, es würde sengend warm werden. Gerade richtig, das Heu auf Schwaden zu ziehen.

Wohin mit der Stute? Der Schatten eines Baumes schien mir die richtige Stelle. Hier mochte sie warten, dem Kuckuck zuhören. Wieseauf, wieseab raschelte ich das Futter zusammen. Locker lagen die Reihen in gleichmäßigem Abstand. Schon begann ich zu rechnen: Reihen mal Minuten und hatte die unbekannte Größe übersehen. MEDINA wollte es anders. So stellt man eine Maschine ab oder einen Mustang im Westernfilm. Die arabische Stute war zur Anhänglichkeit erzogen, sie wollte zu mir. Unruhig wieherte und scharrte sie. Meine Worte halfen wenig, sie protestierte weiter, bis ich meine Arbeit unterbrach.

Ahnungsvoll nahm ich die Fußfessel mit. Dabei werden die Vorderbeine so kurz miteinander verbunden, daß nur Trippelschrittchen möglich sind. Noch nie benutzt, hoffte ich auch heute, ohne sie auszukommen. Meine nachgebaute Fessel bestand aus Lederriemen, die Beduinen nahmen eiserne Ketten mit Schloß für alle Fälle. Während ich meinem Pferd die Beine derart verband, redete ich ihm ins Gewissen. Das bewirkte soviel, daß es geduldig still hielt. Nun, da der Kopf nicht mehr angebunden war, konnte es sich wenden, wohin es wollte. Die Kuckuckswiese war zum Verkosten freigegeben. Damit sah die Welt schon anders aus. Ich versuchte indessen meine Arbeit noch schneller zu tun. Der Schweiß rann, Fliegen kamen dazu, es wurde ungemütlich. Am Flüßchen lockte Erfrischung. MEDINA versuchte mir zu folgen. Als der Wiesenboden unter den Hufen nachgab, wich sie erschrocken zurück. Unmöglich konnte ich arbeiten und gleichzeitig ein Pferd hüten. Ich überließ sie ihrem Geschick, harkte verbissen weiter. Da fühlte sie sich vernachlässigt, gelangweilt, entschied sich für den Heimweg. In kürzester Zeit lernte sie, mit einer Fußfessel zu galoppieren. Jeder Satz mit beiden Vorderbeinen zugleich. Jetzt mußte ich ihr folgen.

Heuzeit ist kostbar. Mit dem Rad war der Weg zwar mühevoller, doch es lief mir nicht davon. Es wurde ein sehr langer Tag. Wie kleine Negerküsse aus der Schachtel meiner Kinder reihten sich die Heuhäufchen, als ich heimfuhr. Wollte der Wettergott jetzt sein Versprechen vergessen und es regnen lassen, wäre der Schaden gering. Einmal danach umdrehen, und es wäre alles wieder trocken. Aber er hatte es nicht vergessen. Anderntags fuhren wir ein Heu ein, das trocken und duftend wie Tee war.

Nie hatte ich den Ehrgeiz, meinem Pferd Verhalten anzuerziehen, das ich einmal im Jahr abfordern würde. Nur weil mir die Kuckuckswiese gefiel und das Heuen, konnte ich gleiches nicht auch von meinem Pferd erwarten.

Mit Löffel Essen

Drei Schwalbenpaare nisteten in MEDINA's Stall unter dem Deckbalken. Die Winzlinge guckten über den Rand ihrer Lehmschale, rissen die Schnäbel auf, sobald sich etwas näherte. Sogar meine Hand löste den Reflex aus. Echter Lebenshunger.

Früh am Morgen begannen die Altschwalben mit ihrer endlosen Pflicht. Sie flogen hinein und hinaus, klammerten sich ans Nest, stützten mit den Schwanzfedern ihr Gewicht ab und fütterten. Ich habe noch nie beobachtet, daß eines ihrer Jungen nicht hungrig war.

MEDINA's Frühfutter bestand auch aus Schrot, das ich in einem Eimer mit Wasser befeuchtete. Ein alter Aluminiumlöffel diente zum Anrühren der begehrten Masse. Davon war er dick geworden. Wo hatte ich meine Gedanken, als ich ihn auf dem Krippenrand liegenließ? Plötzlich drangen eigenartige Geräusche an mein Ohr. Die Stute war dabei, den schmackhaften Löffel abzulecken. Jetzt war er ganz in ihrem Maul verschwunden. Sie lutschte und kaute verzückt. Hastig versuchte ich zuzufassen, sobald sich der Stiel seitlich zeigte. Alles zu langsam. Ihr das Maul zu öffnen wagte ich nicht, weil sie das glitschige Ding dabei womöglich verschluckte. „MEDINA gib her, spuck aus, pfui – pfui!" beschwor ich sie. Ich wollte noch mehr sagen, aber es verschlug mir die Sprache. Ich starrte sie an, doch die Stute hob nur den Kopf und verdrehte genußvoll die Augen, da rutschte der Aluminiumlöffel aus dem Maul und klapperte in die Krippe Diesmal war ich schneller.

Fluchen erleichtert, ich gebe es zu. Niemals mehr werde ich einem Pferd zum Futter einen Löffel servieren.

Schwalbenwolke

Wie so oft im Leben, hatten auch wir uns unerwartet neu einrichten müssen. Den Zugvögeln gleich, brachen wir im Herbst auf. Sie zogen nach gen Süden, wir gen Norden nach Mecklenburg. Da liegt unser Haus abseits des Dorfes, von Feldern umgeben, Wald vor der Tür. Vom Hügel geht der Blick hinunter zum Durchbruchstal eines Flüßchens, zur Wassermühle, zum Kirchturm des alten Fischerdorfes am See. Etwa die Ecke, von der Fritz Reuter sagte, daß hier einmal das Paradies gelegen hat. Uns kam es genauso vor. Der Schulweg der Kinder, den sie inzwischen gemeinsam machten, war weit. Ein Bus sammelte die Schüler ein und brachte sie wieder zurück. Die Strecke von der Haltestelle nach Hause konnte bei schlechtem Wetter zur Bewährungsprobe werden. Aber das erfuhren wir erst viel später. Jetzt empfing uns der Herbst strahlend.

Auch für mich hatte sich eine Menge verändert. An der Schule wartet ein neues Arbeitsfeld auf mich. Ich führte Kinder in die Welt der Farben und Formen. Am liebsten malten wir Bilder zu Geschichten, fremden und eigenen. Oft wurden Zauberstunden daraus, und zaubern macht Spaß.

Ein Umzug ist wie eine Krankheit, man muß sich davon erholen. Die Familie und alle Tiere hatten ihren Platz gefunden. Am schwersten wuchs unsere zarte Alwine ein. Sie ließ ihre beste Freundin zurück. Es würde dauern, bis neue Kontakte entstanden, scheu wie sie war. Ganz anders der Junge. Sein lebhaftes Wesen zog die Kumpane an, erleichterte seinen Einstand. Trotz aller Kräfte, welche diese Lebensumstellung uns kostete, war sie doch ein Gewinn. Entscheidend mehr Schreiberuhe für meinen Mann.

Auf den Feldern riefen durchdringend die Kraniche. Zum erstenmal standen diese großen, stolzen Vögel vor unseren Augen. Für mich verkörperten sie etwas unnahbar Fremdes, stark und eigenmächtig. Sie flößten mir bewundernde Scheu ein. Von jenem Tag an habe ich sie sehnsüchtig jedes Jahr erwartet. Sie garantierten mir den Frühling, wenngleich noch Schneeschauer uns frieren machten.

„Willst du gar nicht reiten?" Das half immer. Mein Mann spürte die Unruhe in mir. Fast ein wenig Lampenfieber hatte ich, als MEDINA mich hinaustrug. Gleich in welche Richtung, jeder Weg war neu, bot noch nicht Erlebtes. Unser erster Ausflugs endete so seltsam, daß ich es nie vergessen kann.

Um eine Strecke abzukürzen, verließen wir den Weg und gerieten in regelrechte Waldwildnis. Mit Gras zugewucherte Ästehaufen splitterten unter MEDINA´s Hufen, ihre Beine verhedderten sich im sperrigen Durcheinander. Brombeerranken mit stacheligen Schlingen, bauchhohe Brennesseln und schürfendes Unterholz. „Ruhig, meine Gute, noch ein Stückchen und wir sind durch", redete ich ihr zu. Wo waren wir gelandet? Um durchzukommen, legte ich meinen Kopf neben MEDINA´s Hals. Wehe, sie hätte die Geduld verloren. Aber brav tastete sie sich weiter voran bis zu dem Graben am Waldrand, den ein Steinwall jenseits abschloß. Ich sprang ab und ging voran. An einer günstigen Stelle kletterten wir darüber. Geschafft! Vor uns nur hügelige Felder mit Wind und unermeßlichem Himmel. Die Beine der Stute blieben unversehrt. Nach soviel geduldigem auf der Stelle treten ließ ich sie rennen. Hügelan und Richtung Stall preschte sie davon, ich gab ihr die Zügel hin. Nichtsahnend jagten wir der Kuppe zu, vorbei an einem kleinen, eingewachsenen

Tümpelgewässer – wie man sie hier oft in den Fluren findet – und gerieten mitten hinein in eine dichte Wolke von pfeilgeschwinden Schwalben, so dicht und so nahe um uns herum, daß ich erschrocken den Kopf einzog. Wie Geschosse sausten die Vogelleiber um uns, blitzschnelle Segler, geschickt im letzten Moment ausweichend.

Ihr Gezwitscher war ohrenbetäubend. Für Sekunden nur, dann hatten wir sie hinter uns gelassen, dort, wo sicher Unmengen von Mücken am verschilften Wasser lockten.

Traum oder Wirklichkeit? Nie zuvor und niemals danach durchritt ich eine Schwalbenwolke.

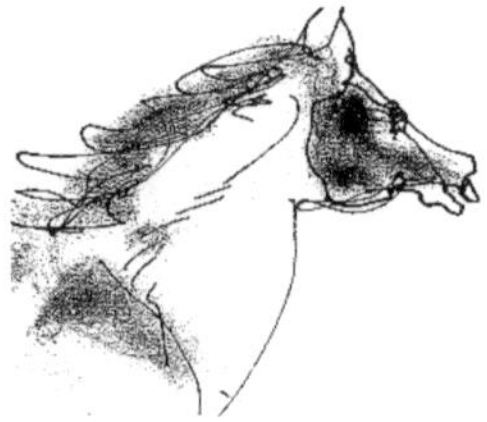

Im November

Der späte Novembertag war trübe, wie es sich gehörte; in den Wolken wartete schon der Regen. Wenn er käme, wie würde er sein? Würde er prasseln, nieseln, stieben, gießen, tropfen oder einfach nur still herabregnen? Lohnte es sich, bei den Aussichten zu satteln? Eine Stimme in mir warnte: Laß es! Die andere Stimme lockte: Wenn ihr unterwegs seid, sieht alles anders aus. Die letzte Stimme siegte; ich zog mich wetterfest an. Trotzdem wurden beim Putzen die Hände klamm. Wie umständlich der Mensch sich schützen muß, dem Tier schenkt es die Natur. MEDINA's Haarkleid war kaum länger geworden, dafür aber plüschig dicht gewachsen.

Ein Apfelbaum im Garten trug noch Früchte. Sie hingen an den Spitzen der Zweige, und weder der Herbstwind noch ein Schütteln hatten sie heruntergeholt. Nun zierten sie den sonst kahlen Baum. Der Feldweg bestand aus tiefen Furchen. Viele Hänger Zuckerrüben drückten sie in die lehmige Erde. Wir wichen auf den Acker aus. Auch hier versackten die Hufe. So einfach ritt es sich nicht im November über Mecklenburgs Felder. Wie ein Windschutz begleiteten uns die Schlehdornbüsche am Wegrand, voller blauer herber Beeren. Nach dem ersten Frost wollte ich welche pflücken für einen sehr speziellen Likör. Eine Kostbarkeit bei Freundesbesuch. Nicht alles ist käuflich.

Im Wald war der rote Teppich für uns gebreitet, das Buchenlaub polsterte ihn dicht. Nun konnte man stundenlang reiten, ohne daß einem ein Mensch begegnete. Außer den Waldarbeitern wußte kaum jemand, wo die Haine der Eichen zu finden waren, die Bruch- und Moorwiesen mit den Salzlecksteinen für das Wild, die dichten harzigen Fichten- und Kiefernjagen, die endlosen Buchenschläge, wo Hühnengrabsteine und Findlinge lagen. Zu diesen Glücklichen zählte ich nicht. Ich hatte meine Schwierigkeiten mit diesem Labyrinth, und es war vorgekommen, daß ich im Kreise ritt. Dann brachten mich Traktorenspuren zurück auf den Hauptweg. Schonungen und Kahlschläge bildeten markante Punkte, wurden zu Wegweisern. Oh ja, die Indianer hatten dieses Spurengedächtnis, diese Orientierung gehabt. Ich trainierte mein Gedächtnis.

Wo glattrindige Buchen sich Platz schufen mit ihren weit ausladenden Kronen, konnte der Blick durch Senken und über Hügel wandern. Je überschaubarer das Umfeld, um so ruhiger ging die Stute. Führte unser Pfad durch undurchdringliche Schonung, spannte sich ihr Körper, Augen und Ohren bereit, etwaige Gefahr zu melden. Pferde, deren Urahnen als Steppentiere lebten, sind auf Flucht geprägt. Da ich sie verstand, konnte ich mich darauf einstellen.

Fast warm, still und weich gab sich heute der Wald. MEDINA´s Fell begann feucht zu werden. Am nächsten Kahlschlag saß ich ab, um sie grasen zu lassen. Sie trug im achten Monat ihr Fohlen, doch man sah nichts. Die alten harten Gräser schmeckten der Stute nicht. Sie rieb ungeduldig den Kopf an meinem Arm, sie wollte weiter. Wir bogen in einen Seitenweg, und MEDINA streckte im Schritt den Hals.

Ihre Ruhe, der wiegende Gang und die Wärme ihres Leibes übertrugen sich auf mich, und auch die leise Wehmut dieses Novemberwaldes. Das strahlende Aschbraun der Lärchenschonung war verschwunden. Die Nadeln deckten jetzt den Boden.

Sagte ich fragend das Wörtchen „Na?", trabte MEDINA an. Verzögerte sie, dann wußte ich, noch etwas ausruhen war gewünscht. Natürlich würde Schenkeldruck meinen Willen durchsetzen, aber so war es besser. Wir brauchten kein Publikum, niemand trieb uns, wir konnten Rücksicht aufeinander nehmen. MEDINA war kein Pferd, des man treiben mußte. Den Schweif trug sie selbst im Schritt leicht erhoben, elegant und rassig. Jetzt, da der Ritt sie erhitzt hatte, standen die Nüstern weit geöffnet und gaben der Profillinie den leichten Schwung einer Mondsichel. Oft habe ich mich gefragt, warum Schönheit eine solche Macht besitzt, daß sich Menschen sogar vor ihr fürchten. Ich glaube, jeder muß es für sich beantworten. Wo sie auch immer mir begegnete, hat sie mich beglückt.

Auf der letzten Galoppstrecke strauchelte die Braune, fing sich in zwei Sätzen wunderbar. Fast hätte ich auf ihrem Hals gesessen. Lobend sprach ich ihr zu. Wieviel vermag die menschliche Stimme auszulösen! Zwischen uns beiden war sie die wichtigste Verbindung.

Über das flache Feld stob feine Nässe. Also doch Regen. Im Wald hatte ich die Kappe abgenommen, weil mich ihr Perlonknistern daran hinderte, seine Stille zu hören. Jetzt zog ich sie rasch wieder über die Ohren. In trostloser Verlassenheit lag ein Rapsschlag vor uns. Es dämmerte stark. Die nassen Blätter klatschten um die Beine der Stute. Sie hatte es eilig, in den Stall zu kommen.

Nach dem Absatteln deckte ich ihren Rücken ein. Krusten von Schweiß und Schmutz zogen sich über den Woilach. Drei Handschaufeln der letzten Falläpfel kullerten in die Krippe. Knackig biß MEDINA zu und ließ den duftenden Schaum aus dem Maul tropfen. Heu als Zukost, nun mochte sie sich ausruhen. Auf mich wartete ein herrlich starker Kaffee, und die Kinder würden fragen: „Was hast du alles im Wald gesehen?", oder las mein Mann ihnen schon aus dem KATER MIKOSCH vor?

Es wäre eine schwierige Rechnung, wollte ich herausfinden, wieviel Arbeit und Zeit aufzuwenden wären für den Genuß eines solchen Novemberritts.

Ein neuer Stern am Pferdehimmel

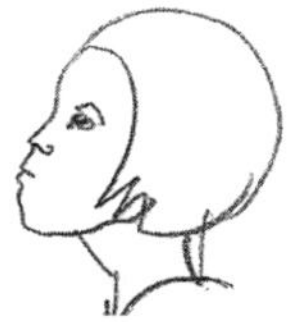

Oft hörte ich: „Mutter, wann kommt endlich unser Fohlen?" Meine Antwort wirkte sehr überlegen: „Nur noch ein paar Tage, dann ist es soweit." In Wahrheit war ich unsicher. Nach meiner Bücherweisheit und den Ratschlägen von Pferdeleuten zeigte sich immer mehr der Unterschied zwischen Theorie und Praxis. Bereits vor einer guten Woche hätte MEDINA fohlen müssen. Auch unser Tierarzt war unschlüssig. Was man äußerlich sah, konnte täuschen. Er dachte an die Stute seines Kollegen, die mit ihrer Scheinträchtigkeit alle zum Narren gehalten hatte. Sie trug einen dicken Bauch, ihr Euter schwoll an, aber sie hatte sich alles nur eingebildet. Und das war dem Besitzer peinlich.

MEDINA wirkte zwar rundlicher, aber direkt dick war sie nicht. Es könnte sehr wohl ein Heubauch sein. Das Euter war nur ein wenig mehr ausgebildet, von Milch keine Spur. Immer wieder schaute ich auf die Flanke, in der sich die Fohlenbewegungen am ehesten zeigen, bis es mir selbst vor Augen hüpfte. Das war keine Garantie. Immerhin, der Termin war vorüber. Was für eine Geburt nötig war, lag bereit: der saubere Strick, Desinfektionsmittel, Seife, Handtuch, Eimer, Schere, und der Stall glänzte in frischer Einstreu. Regelmäßig gegen zwei Uhr nachts machte ich meine Kontrollgänge, und regelmäßig stand MEDINA still ohne jedes Anzeichen von Unruhe.

Um das Haus stürmten die Februarwinde. Sie trieben Regenwolken heran, drangen durch alle Ritzen. In der Scheune pfiff und stöhnte es. An besonders kalten Tagen prasselten Hagelschauer zur Erde. Die Stute müßte mehr Bewegung haben, doch es war ein Wetter, das einen Hund in die Hütte trieb. Aber einmal mußte auch der Wind sich ausruhen, und ich holte MEDINA aus ihrem Laufstall und ließ sie auf der Koppel im Kreis traben. Sie konnte es längst ohne Longe, ging und wendete auf Zuruf und das Zeichen der Peitsche. War ich vorher der Meinung, ihr Verhalten sei vorsichtiger, gemächlicher geworden, so ließ ihre schwungvolle Bewegung mich wieder zweifeln. Was also war wirklich? Heute endlich, als sie wieder im Stall stand, gab ihr Körper Antwort. Ich sah das Fohlen im Leib hüpfen, als hätte sie Schluckauf. Mit der Hand auf ihrer Flanke erlebte ich, wie es kräftig strampelte. Die Kinder sollten es sehen. Als wir ankamen, schlief das Pferdekind schon. Es war alles ruhig wie gewohnt. Und wieder vertrösten und Geduld üben.

Bei meinen Nachtkontrollen hatte ich mich, trotz aller Vorsicht, tüchtig erkältet. Inzwischen waren fünfzehn Tage über den Geburtstermin verstrichen. Während wir uns den Kopf zersorgten, blieb die Stute gelassen und bei bestem Appetit. Das beruhigte uns. Ist es doch bei Mensch und Tier ein gutes Zeichen. Trotzdem schlüpfte ich zusätzlich morgens gegen vier Uhr aus dem warmen Bett, hastete durch die Scheune in den Stall. Unter unserem großen Dach waren alle Räume vereint, als seien sie gleichberechtigt in großer Wohngemeinschaft. Ein Blick genügte in der Regel, die Stute erhielt ihren Apfel, und ich durfte weiter vom Fohlen träumen.

„Wenn es fertig ist, wird es schon kommen“, versprach Oma Behnke, und sie hatte Erfahrung darin. Also nützte unsere Ungeduld gar nichts. Heute früh hatte ich mich verspätet. Es fröstelte mich auf dem Weg zum Stall. Tür auf, na bitte, da stand die Stute wie immer – und doch, sie war nicht allein. Trocken, glänzend, auf vier unbeholfenen Beinen – es war da, ihr Fohlen! Als es den Kopf mir zuwandte, sah ich den

weißen Stern auf seiner Stirn. Mit eigenartig schnarchendem Geräusch schnaubte es durch die winzigen Nüstern und zitterte in der kalten Luft. Der wollige Leib dampfte ganz sachte. MEDINA hielt den Kopf schützend über ihr Junges. Mich ließ sie ohne Scheu heran, so daß ich ihm meine Hand auf den Rücken legen durfte. Wunderbar warm und weich fühlte er sich an. Spätestens jetzt bemerkte ich, wie ich fror. Mit vor Eile zitternden Händen zog ich mich an und war sofort wieder im Stall. Die Familie sollte es erst am Frühstückstisch erfahren. Noch war es allein meine Sache. Ich desinfizierte den Stumpf der Nabelschnur, entfernte Nachgeburt und nasse Einstreu, packte zwei Bund trocknes Stroh auseinander. Und immer wieder stellte ich mir die Freude der Kinder vor, ja, ich genoß die Vorfreude auf die Freude. Das Fohlen stakte auf wackligen Beinen um die Stute, suchte Brust und Bauch ab und kam überraschend schnell ans Ziel, um seinen Hunger zu stillen. Es wird nicht seine erste Mahlzeit gewesen sein. MEDINA verhielt sich wie eine erfahrene Stute. Mit dem Maul schob sie ihr Kind näher und zog den Bauch hoch, als es zu schmatzen begann. Vielleicht schmerzte das pralle Euter sie. Alles war neu. Jetzt erst bemerkte ich ihre Veränderung. Eingefallen waren die sonst vollen Flanken, die Hinterbeine verschmutzt. Wohin das Kleine auch wackelte, sie ließ es nicht aus den Augen. Erst als das Fohlen beide Zitzen ausgetrunken hatte, ließ es ab. Immer noch schmatzte sein kleines Mäulchen, und die Flanken bebten vor Kälte. Nach einigen ungeschickten Versuchen, seine langen Beine einzuknicken, gelang es ihm, und es fiel ins Stroh. Vorsichtig schob ich die Halme wie ein Nest um das Tier. Es legte seinen Kopf in unbequemer Beuge sich selbst auf die Schulter, so daß die Lippen sein Fell berührten. Eine hilflose Gebärde wie im Mutterleib.

Es war alles getan, was nötig schien. Ich hätte gehen können und mochte mich doch nicht trennen. Still saß ich in meiner Ecke. Nicht lange, dann stemmte das Pferdekind seine Vorderbeine hoch, schwankte ein wenig, bis es ihm endlich gelang aufzuspringen. Etwas mühsam bahnte es sich den Weg durch das lose Stroh und suchte erneut seine Quelle. Die warme Milch hielt die Lebensgeister munter. Dann erkundete es seine Umgebung und geriet dabei zwischen die Vorderbeine seiner Mutter. Die war verwundert, wollte vorwärtstreten, hielt aber vorsichtig inne und wartete, bis sich das Kleine tatsächlich hindurch gezwängt hatte. Und das war bei seiner Rückenhöhe schon eine Leistung.

Über eine Stunde verbrachte ich so. In dieser Zeit lernte das Fohlen seine Beine einigermaßen zu gebrauchen. Es konnte sich legen, es stand auf, ohne gleich wieder umzufallen. Jetzt erst schaute ich nach, ob wir ein Mädchen oder einen Jungen hatten, oder wie man bei Pferden sagt, ein Stutchen oder ein Hengstlein. Es war eine kleine Stute von der Farbe der Mutter. Nur den Stern auf der Stirn hatte sie extra.

Mit dem ersten Tageslicht bestaunte die Familie das neue Mitglied. Oma Behnke behielt recht, das Fohlen hatte erst ganz fertig werden müssen, und sein dichtes Winterpelzchen brauchte mehr Zeit. Davon waren Alwine und Gustel überzeugt.

MADANI

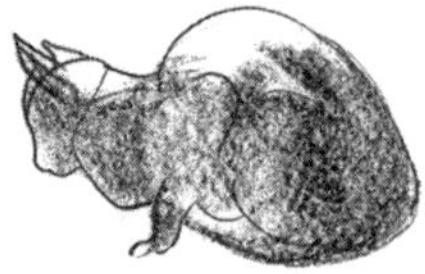

Es zitterte nicht mehr. Es hatte sich dieser kalten Welt angepaßt. Seine überlangen Beine mit den kräftig hervortretenden Gelenken waren sicherer geworden. Dagegen wirkten die Fesseln seiner Hinterbeine durch ihre Länge noch kraftlos durchgetreten, das Horn der Hufe war knorpelweich. Besonders an Hüften und Brust gähnten einwärts gewölbte Kuhlen, wo später Fleisch und Muskeln die Formen prägen würden. Selbst die Rippen konnte man durch das Fell zählen. Und doch, als ich meine Hand auf die Kruppe legte, hopste das Kleine seine ersten unbeholfenen Sprünge. Auf dem kurzen Hals, den es von Anfang an hoch aufgerichtet trug, saß der markante Kopf des Arabers. Unter großen dunklen Augen zog sich, wie mit einem Pinsel gezogen, ein heller Fellstreifen hin. Die Stirn war kräftig vorgewölbt und breit im Verhältnis zum samtenen Maul mit den geschlitzten Nüstern, die, wenn sie sich öffneten, der Kopflinie die nach innen gewölbte Form gaben.

„Wie ein Seepferdchen", staunte Alwine. Die Begeisterung der Kinder war so stark, daß ich fürchten mußte, sie würden das Füllen damit erschrecken. „Langsam". mahnte ich, „es ist noch fremd auf der Welt." Sie erfanden Schmusenamen, streichelten es und drückten ihre Gesichter ins Fell, wenn ich es für eine kurze Zeit festhielt. Sonst versteckte es sich lieber, und nur der Kopf guckte neugierig hinter der Stute hervor. Maul und Kinn waren so klein, daß sie in die gewölbten Kinderhände paßten. Die steifen Tasthaare

kitzelten. Als Krönung des Kopfes standen die beweglichen Ohren mit den nach innen gerichteten Spitzen. Dazwischen begann die noch dürftige schwarze Mähne und schmückte den mageren Hals. In wenigen Tagen schon würde es sein Aussehen verändert haben, die Beine voller Übermut und vollendet gebrauchen. Der träumerische Ausdruck wird einer herausfordernden Wachheit gewichen sein.

Ein Lebewesen sollte nicht namenlos bleiben. Es ist etwas Einmaliges und muß es erfahren. Unsere Kinder brachten Vorschläge. 'Möchtegern' wollte Gustel das Fohlen taufen, 'Schön-Arabella' wünschte sich Alwine. Mein Mann suchte mit mir unter arabischen Namen. Ein 'M' mußte der Anfangsbuchstabe sein. Also Messina, Mura, Monial, Mantus, Madaba, Madani, Menora, Medici, Magglore, Munawit, auch aus 1001 Nacht waren Namen darunter. Die Entscheidung wurde mir zugestanden, und ich wählte zu MEDINA die MADANI, Mutter und Tochter in klangvoller Ähnlichkeit, doch nie sich genau gleichend.

Mit den Mutterpflichten der Stute arbeitete die Natur in ihr. Sie hat es so eingerichtet, daß sich der Kreislauf neuen Lebens von Jahr zu Jahr wiederholen kann. Mir erschien es verfrüht, MEDINA schon wenige Tage nach der Geburt wieder auf Hochzeitsreise zu schicken. Unser Tierarztfreund gab zu bedenken: „Hat sie nicht ein gesundes Fohlen? Sie könnte es auch im nächsten Jahr haben. Du mußt wissen, ob du es willst. Futter wächst, wie ich sehe, genügend."

MEDINA fuhr noch einmal zum weißen Hengst. Und da die Fahrt weit war, nahm sie ihr Fohlen mit.

Niemand von uns mochte in den Stall gehen. Er war unsagbar still und leer.

Es gibt Märztage, da ist die Welt wie verwandelt. Auf dem Feld hinterm Haus meldeten sich zwei Kraniche lautstark zurück. Endlich waren sie da. An den Haselnußsträuchern baumelten die gelb blühenden Raupen, Schneeglöckchenbüsche und Tulpenblätter machten sich breit. In Väschen und Gläsern standen die kleinen Frühlingssträuße der Kinder. Den Lerchenvogel hatten sie seit Tagen entdeckt. Heute war endlich Grund zum Jubilieren, die Sonne ließ sich nicht länger verdrängen, sie strahlte und wärmte. Niemand wollte im Haus bleiben.

MEDINA's Fell glänzte wie Metall, als sie die Laderampe heruntergeführt wurde. Sie wendete den Kopf und wieherte ihrem Fohlen zu. Wir standen seitlich Spalier, um zu verhindern, daß Madani mit einem einzigen Satz absprang. In den wenigen Tagen schien sie gewachsen. Der weiche Erdboden ließ das Fohlen vor Entzücken springen. Als die Stute nicht mitspielte, keilte das kleine Ding nach ihr aus. Wie sehr hatte es an Kräften gewonnen. Es jagte den Auslauf entlang, als gäbe es ein Rennen zu gewinnen. Stoppen, wenden in vollendeter Manier eines Westernpferdes. Ungewollt zeigte es seine Anlagen. „Seht her, das bin ich!“ Erst als sein Körper unter den kurzen, heftigen Atemstößen bebte, unterbrach es seine Tollerei. Wenige Minuten der Ruhe – das Spiel begann von neuem.

Die nächsten Wochen füllte Madani ausschließlich mit Toben, Trinken und Schlafen. Dann lernte sie Gras, Heu und Schrot zu fressen wie die Stute. Sogar die Brothäppchen von den kleinen Kinderhänden verstand das Fohlen mit weichen Lippen zu nehmen. Dann tanzte es wieder davon.

JUNIGEWITTER

Von einem Tag zum anderen überzog goldgelbe Blütenpracht die Wiesen. „Mutter, bind zu", baten die Kinder. Das Kranzbindefieber hatte sie gepackt. Butterblumenzeit ist Schmückezeit. Alles wurde bekränzt. Am schwierigsten war es, der lebhaften Madani ihren Kranz auf den schlanken Hals zu ziehen. Sie hatte einfach keinen Sinn für Schönheit, sie knabberte ihn kaputt.

Als die Butterblumen abgeblüht waren, schwebten ihre Samenschirmchen davon, wenn das Fohlen mit der Nase dagegenstieß. Seine Beine waren lang, der Hals kurz, wie an die Gräser kommen? Sehr schnell wurde das Patent gefunden. Zwischen weit gespreizten Stelzen konnten die Lippen rupfen, soviel das Herz begehrte. Unser Sohn verglich das Fohlen mit einer Giraffe, aber die Tochter wußte, daß Giraffen viel längere Hälse haben. Nun rätselten sie, warum Giraffen trotzdem die Beine spreizen, um auf den Boden zu gelangen. Das Leben steckt voller 'Warum?'

Auch in diesem Juni wurde eine Wiese gemäht. Sie lag nahe am Haus, und ich war zum zigsten Male dabei, das halbtrockene Heu zu lüften. Immer wieder kam ein Regenschauer und verdarb mir die Freude. Letztlich packten wir alles auf Holzreuter, um zu retten, was zu retten war. Es wurde teueres Heu. Teuer ist nicht immer gut, wie man sieht. Die Arbeit riß nicht ab. Noch bildete ich mir ein, alles zu schaffen: die Verpflichtungen der Familie, die Aufgaben eines Lehrers und Haus und Hof und Tiere.

Junitage sind lang. Durch das Küchenfenster sah ich die Pferde noch im letzten Sonnenlicht weiden. Flüchtig nur nahm ich den gelblichen Himmel wahr. Kurz darauf blitzte es, und Hagelkörner prasselten in solchen Mengen nieder, daß sich weiße Häufchen bildeten. Ich rannte ins Unwetter, griff MEDINA und rettete beide in den Stall. Von ihren Rücken konnte ich die Eiskörner wischen. Vor Schreck und Kälte zitternd, drängte sich Madani verstört; an die Stute. Eine unglaubliche Überraschung, drohend und furchterregend, aus heiterem Himmel gekommen. Wem konnte das Fohlen noch trauen? Selbst mir wich es aus. Und doch mußte ich es fangen und seinen Rücken warmrubbeln. Die Stute ließ sich das gern gefallen, sie kannte die Strohmassage. Madani griff lieber zur Selbsthilfe, sie galoppierte sich den Schreck aus den Gliedern und wurde dabei warm. Sofort danach wollte sie trinken, gebärdete sich wild, drängte MEDINA ungestüm in die Ecke. Anmaßend forderte

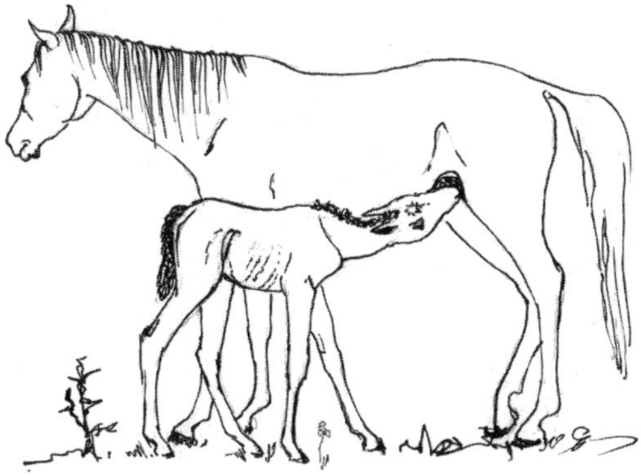

sie ihr Recht, stieß heftig ins Euter und begann zu saugen. Die Stute fügte sich mit einem tiefen Seufzer. Durch die Unruhe wurde ein Schwalbenpaar munter, es kreiste zwitschernd über unseren Köpfen.

Die Pferde erhielten ihr Abendfutter. Ich schaute ihnen zu.

Wann würde ich mich sattgesehen haben? Was wäre ich ohne meine Augen? Ich weiß nicht, wobei sie mir unentbehrlicher sind, beim Erkennen oder beim Genießen.

Das sanfte Licht des vergehenden Tages modellierte jede Muskelgruppe der Stute. Es führte den Blick vom breiten Brust-Hals-Ansatz über die Rückenpartie zu den mächtigen Schenkeln. Wie der metallene Abguß eines von Künstlerhand geformten Pferdekörpers, den Menschen zu gern dazu benutzen, ihre eigene Persönlichkeit herauszustreichen. Jede bedeutende Stadt hat ihr Reiterdenkmal. Wir hatten das unsere.

Ganz anders zeigte sich das Fohlen. Sein naßstruppiges Fellkleid spiegelte keine Glanzlichter. Es zupfte mit den Lippen an seinem Fesselgelenk, rieb sich den Hintern an der Tür. Während MEDINA mit einer Kopfbewegung das Heu aus der Raufe schleuderte, suchte sich die Kleine schon die besten Halme vom Boden. Dann fraßen sie Kopf an Kopf, und das dumpfe Malmen ihrer Zähne wirkte beruhigend und heimelig.

Draußen spiegelte Nässe das letzte Licht. Dem roten Riesenmohn zerfetzte der Hagel die hauchdünnen Blütenblätter. Der aufbrechende Jasmin überstand es gut, auch der Fingerhut und die unwirklich leuchtenden Margariten.

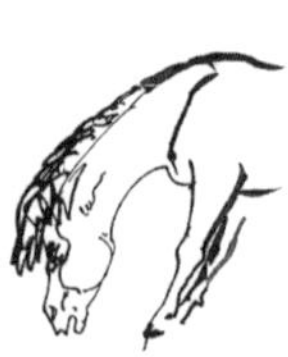

STUTENSCHAU

MEDINA's Ahnentafel sollte erweitert werden. Sie brauchte eine Eintragung ins Stutbuch, wenn ich mit ihr Fohlen züchtete. Es war nicht zu umgehen, daß ich sie der Kommission vorstellte. Da es Sommer war und gegen meine Reiterehre, wollte ich sie die vierzig Kilometer nicht mit dem Auto fahren lassen. Die Entfernung war unbedeutend. Das Dumme war nur, daß alle meine schönen Feldwege an einer Stelle durch ein Städtchen führten. Und hier herrschte reger Verkehr. Da würde ich wohl oder übel neben meinem Pferd herlaufen müssen.

Natürlich hatte sich MEDINA daran gewöhnt, ihr Fohlen für die Zeit allein zu lassen, während wir unterwegs waren. Dem Pferdekind wollte das viel weniger gefallen als der Stute, die Gehorsam gewohnt war. Als wir Madani das erstemal auf der Laufkoppel zurückließen, kamen wir bis zum Gartentor, als es fürchterlich hinter uns polterte und sich das Fohlen gerade wieder aufrappelte, nachdem es mehr kletternd als springend den Zaun überwunden hatte. Es rührte mich, aber so ging es nicht. Es blieb mir keine andere Wahl, die ersten Stunden des Alleinseins mußte das Fohlen im geschlossenen Stall zubringen. Anfangs war es naß vor Aufregung. Von seinen wilden Galoppaden war die Einstreu umgepflügt. Aber bald wußte es, daß die Trennung nur kurzzeitig war und nahm es gelassener, wenn ich ihm etwas Schrot in die Krippe gab. Bald konnte ich auch die Stalltür zur Laufkoppel offenlassen, wenn es noch mit Fressen beschäftigt war. Und dann endlich hatte Madani es gelernt, ganz einfach für ein Weilchen zurückzubleiben, selbst wenn sie sah, wie die Stute sich entfernte.

An diesem Sommertag würde Madani lange warten müssen. Gras und Schrot hatte ich vorgelegt, verhungern müßte sie nicht. Die Stute könnte ich von Zeit zu Zeit abmelken. Damit ich früh genug auf den Weg kam, übernahm mein Mann Hausfrauenpflichten.

„Hals- und Beinbruch!" wünschte er mir wie ein richtiger Reiter. Satteltaschen, Papiere, Regenjacke, etwas Saft, mehr war nicht nötig. Der Tag versprach sehr warm zu werden. Über den Waldsaum schob sich die Morgensonne, als wir den alten Schulweg hinabtrabten. Von den Gräsern spritzte Tau. In den Senken schwebte leichter Nebel, angenehm kühl umspielte uns die Luft. Das durchdringende Gelb der blühenden Rapsfelder wetteiferte mit dem Lerchenjubel am Himmel. Ich hielt die Stute nicht zurück, als sie die sandige Wegstrecke im Galopp nahm. Noch war sie frisch. Die Richter würden nicht warten, wenn wir uns verspäteten. Zeitdruck trieb alle Gedanken in eine Richtung. Daß dieser Tag mit

Streß und Aufregung nicht sparen sollte, war vorauszusehen. Die Autobahnbrücke machte den Anfang. Was nutzte es, daß ich MEDINA führte, ihre schnaubenden Nüstern verrieten Angst vor den unter uns flitzenden, dröhnenden Fahrzeugen. Noch ein Stück durch das Dorf, und wir wichen wieder auf Feldwege aus. Das alte Fischerdörfchen mit seiner Kirche blieb links liegen, wir mußten über die Brücke am rauschenden Wehr. Diese Geräusche machten der Stute wenig Bange. Als stolzer Reiter passierte ich sie. Vor uns dehnte sich kilometerlanger Fahrweg am Seeufer entlang. Nur zwei Traktoren wichen wir aus, keine Menschenseele weit und breit. Die Sonne stieg höher, wir kamen gut voran. Kurz vor der kleinen Stadt, an der Hauptstraße, die wie eine dunkle Wolke über mir zu schweben schien, führte unser Weg am Zeltlager vorbei. Es ist schwer zu verstehen, wenn Menschen aus ihren Städten sich erneut zusammendrängen zwischen Wohnwagen, Zelten, lauter Musik und einer Menge Komfort, die Natur nur noch ahnen läßt.

Die Camper saßen beim Frühstück, versorgt mit Büchsen, Dosen, Konserven. Ein Reiter weckte weniger Interesse als ein Milchauto. Nur die Kinder unter ihnen jubelten: „Mama, sieh doch, ein richtiges Pferd!“ und „Sei still, sind gerade Nachrichten“, wurden sie zurechtgewiesen. Nun gut, vielleicht vermissen diese Menschen nichts.

Die Sonne heizte unerbittlich. MEDINA und ich reihten uns in den Verkehr der Hauptstraße. 'Kein Risiko für die Stute‘ und 'mich nicht zum Gespött der Leute machen‘ waren meine Vorsätze. Ich führte mein Pferd, mochten sie den Kopf schütteln. Bescheiden scharf rechts am Rande des Asphalts machten wir uns tapfer auf den Weg.

Kiesfahrzeuge, Traktoren, Transporter, Reisebusse, alles war unterwegs, und alle schienen lebendige Ungeheuer zu sein. Auf dieser Straße hatten wir nichts zu suchen. Mir schien, als nähme uns kein einziges Fahrzeug wahr. Selbst mir, die ich alle Geräusche kannte, produzierten sie einen Höllenlärm, gemischt aus Poltern, Klappern, Quitschen, Dröhnen, Zischen, Sausen und Brummen. Immer nur hatte ich selbst in einem solchen Blechmobil gesessen, da war ich Teil des Stromes, wurde nicht überholend von der Straße gedrängt. Nun tappte ich als verwundbares Wesen mit eigenen Füßen neben ihnen her. Ihre Nähe und Geschwindigkeit erschienen mir bedrohlicher als je zuvor. Ich verstand das Pferd, daß es auf der Stelle trat, auszuweichen versuchte. Aus der Stille unserer Felder in diese furchterregende Umgebung. Mein rechter Arm drohte abzusterben. Ich mußte die Zügel teilen. Schweiß lief mir in die Augen, die Kleidung klebte am Körper. So schwierig hatte es mir meine Phantasie nicht ausgemalt. Auch an die Notschlachterei hatte ich nicht gedacht. Im Auto bemerkte man den tiefergelegenen Schlachthof kaum. MEDINA witterte den Blutgeruch, sie war nicht weiterzubewegen. Es blieb mir nichts übrig, ich überquerte trotz des Verkehrs die Straße und führte das erregte Tier auf der gegenüberliegenden Seite vorbei. Dabei schwor ich mir hoch und heilig, zurück einen anderen Weg zu suchen, wenn ich auch drei Tage unterwegs sein sollte.

Und doch waren wir vorwärts gekommen. Immer wieder ließ sich die Stute von mir beruhigen. Eine Seitenstraße mit Kopfsteinpflaster und weniger Fahrzeugen kam uns paradiesisch vor. Bald darauf verließen wir die kleine Stadt, die ich so völlig neu erlebt hatte. Endlich wieder aufsitzen, und nach drei Kilometer Landweg bogen wir in den Gestütshof ein. Noch vor der Zeit. Aber was war hier los? Beklemmende Stille, kein Pferdeauftrieb, nichts. Und tatsächlich, kurzfristig verlegt, fand die Schau auf einem Gutshof des Nachbarortes statt.

Uns blieb heute nichts erspart. Man beschrieb mir eine Abkürzung. Weil ich den ganzen Weg nicht umsonst gemacht haben wollte, kamen wir tatsächlich noch an, bevor die Gutachter in die Autos gestiegen waren. Wir sahen sie noch, die auf Hochglanz gebrachten Stuten, liebevoll frisiert, eine Augenweide. Nun wir beide, nicht mehr taufrisch, um nicht zu sagen: verdreckt und verschwitzt. Man wies mir eine Strecke im knöcheltiefen Sand, um die Braune vorzuführen. Drei Runden trabten wir vor den Richtern, dann brach ich ab. Auch wenn wir zehn Runden gelaufen wären, die Gänge wie daheim auf der Koppel zeigte meine Stute nicht. Ich war zerknirscht, der Zuchtleiter einigermaßen zufrieden. Die Augen der Braunen seien etwas zu maskulin, aber sonst müßte sie doch genau das Richtige für mich sein, scherzte er. MEDINA wurde in das Zuchtbuch aufgenommen. Ob nun zwei Punkte mehr oder drei Punkte weniger in der Beurteilung, spielte für mich keine Rolle. Sowieso wußte nur ich, wie sie war und was sie wirklich konnte.

Wo war der Baum, in dessen Schatten ich mich am liebsten gelegt hätte? Schöne Illusion. „28 Grad Hitze“, lachte der Junge, der seine Cola trank. Das Schmiedefeuer glimmte noch, auf dem die Eisen der Fohlenbrände erhitzt wurden, als wir den Heimweg antraten. Araber werden nicht gebrannt, das blieb MEDINA erspart.

Und ich hielt meinen Schwur, wir umritten den See von der anderen Seite, ließen das kleine Städtchen links liegen. Keine Zeitangst würde uns hetzen. Die Tage waren lang, und irgendwie würden wir heimfinden. Ruhige Wege und Straßen durch Dörfer, Felder und Wälder. Letztlich gelangten wir an den See. Einmal überholte uns ein einzelner Schwan. Er flog dicht über uns hin mit dem eigenartigen Geräusch

seiner Schwingen, das als singend bezeichnet wird. Eine wunderbar elastische Bewegung floß wie eine lange Welle vom Schwung der Flügel über den Körper, den langen Hals hin zum Kopf. Welle für Welle, impulsförmig, weich und kraftvoll zugleich, dem Wasser entgegen.

Ganz schön dumm kam ich mir vor in dieser Gegend, lächerliche Kilometerchen vom Heimatort entfernt und fremd wie im Ausland. Tagelang mit dem Auto umherzukutschen war kein Problem. Auf den großen Straßen kannte man sich aus, aber die unbedeutenden

Dorfstraßen, die einspurigen Feldwege ließen Zweifel aufkommen. Vor Jahren noch halbverlassene Bauernhöfe hatten neue Liebhaber gefunden. Erneuerungen verrieten Einfühlung oder Geschmacklosigkeit. Fremd wirkende gepflegte Grünanlagen, Campingwagen, groß herausgebrochene Fenster, es roch nach Wohlstand. Ich ritt am Seeufer entlang, vorbei an sauberen Bootshäusern, Stegen, Kähnen und bunten Plastikbooten. MEDINA zog es zu ihrem Fohlen. Die Felder wurden heimatlich, die einzelnen schönen Bäume begrüßten wir wie alte Bekannte. Der Schulbus kam uns entgegen, und die Kinder winkten uns zu. Morgen würden sie aufgeregt erzählen, daß sie uns gesehen hatten. Die Autobahnbrücke, die morgens noch Ängste ausgelöst hatte, nahm die Stute jetzt gelassen. Eine Abkürzung durch das Rapsfeld war durch den Stengelwirrwarr eher eine Behinderung. MEDINA prustete im Blütenstaub. Zweimal verhielt sie kurz und wieherte. Den Rest des Weges nahm sie im Galopp. Das Fohlen rief. Als die Braune antwortete, bebte ihr Körper. Dann waren wir daheim. Madani kam zu ihrem Recht – endlich. Mit lauem Wasser wusch ich mein Pferd, räumte die Hufe aus und entließ beide auf die Weide.

Wohlig langsam sank ich in den Liegestuhl. Meine Beine, solche Gewaltritte nicht gewöhnt, zeigten sich wacklig. In den Fliederbüschen tschilpten die Spatzen.

Dankbar nahm ich die Tasse Kaffee, die mein Mann mir brachte. Für mich hatte sich die Anstrengung gelohnt. Wieder neue Erfahrungen in der Erinnerungskiste und eigene Grenzen getestet. Wer allein dem AUFWAND-NUTZEN-DENKEN lebt, kann es nicht erfahren.

Fohlenhalfter

Wessen Blick nach dem Erwachen gleich über Felder geht, wer Sonne und Wind ungehindert spürt, der ist bevorzugt. Es gibt Sommermorgende, die in ihrer Makellosigkeit lange in unserer Erinnerung bleiben.

Hinter dem Stall blendete mich das Licht. Die Sonne rollte sich genau gegenüber der Scheunenwand über den Waldsaum. Noch schlief der Wind, und die weichen Grannen des Gerstenfeldes bewegten sich kaum. Eine gleißend helle Dunstwand vor den Bäumen wurde vom schrägen Schatten einzelner Stämme durchbrochen. Kulissenhaftes Gegenlicht staffelte diese Landschaft wie in einer japanischen Tuschmalerei. „Kommt, ihr Schönen!“ Ich öffnete die Tür. Gelassenen Schritts ging MEDINA auf die Weide, das tauige Gras zu rupfen. Morgens sind Fliegen und Mücken noch nicht lästig. Madani leckte die letzten Schrotkrümelchen vom Maul und kam zu mir, um sich wie immer, etwas tätscheln zu lassen. Eingepackt in Liebkosungen, hielt ich ihr heute den kleinen ledernen Fohlenhalfter unter die Nase. Sie beschnupperte ihn, steckte ohne Argwohn das kleine Maul hinein. Streichelnd schloß ich die Schnalle hinter ihren Ohren. Es war an der Zeit, sie daran zu gewöhnen. Je weniger Schrecken und Aufregung etwas Neues bringt, um so besser nehmen Pferde es an. Absichtlich rückte ich die

Riemen etwas hin und her, wie um die Ungefährlichkeit zu beweisen. Er war weit genug, würde nicht behindern. Dann schob ich Madani sachte der Stute hinterdrein. Heute wehrte sich das Fohlen. Es wunderte sich, daß dieses helle Ding auf seinem Kopf blieb. Also nahm es ihn hoch, schüttelte ihn ein wenig, ging einige Schritte vorwärts und dann zurück. Etwas war anders als sonst, die Kleine merkte es genau. Die jungen Schwalben, die seit zwei Tagen ihr Nest verlassen hatten, sammelten sich unter Gezwitscher auf der Koppelstange. Die Morgensonne wärmte auch sie. Madani schritt wieder vorwärts, Richtung Weide. Sie schritt steif und gemessen wie ein junger Mensch in seiner ersten Feiertagskleidung. Sonst galoppierte sie, um möglichst schnell zur Mutter zu kommen. Jetzt rieb sie hilflos ihr Mäulchen am Koppelpfahl. Da sich nichts änderte, kam sie zu mir, ich sollte helfen. Aber ich streichelte sie nur. Madani wartete noch etwas, drehte sich auf der Stelle, versuchte wie aus Verlegenheit sich ganz weit hinten am Schenkel zu knabbern. Dann hielt sie unversehens inne, als wollte sie kontrollieren, ob das Neue indessen verschwunden sei. Plötzlich fesselte etwas in der Ferne ihre Aufmerksamkeit. Sie spitzte die Ohren, schaute bewegungslos dorthin. Sie hatte den Halfter vergessen. Danach trottete sie regelrecht zur Mutter auf die Weide. Doch sie fraß nicht, probierte nur ein Hälmchen, versuchte es auch bei der Stute, aber sie trank nicht. Wieder warf sie den Kopf von oben nach unten, von links nach rechts: 'Es' saß fest, ließ sich nicht abschütteln. Madani war sich nicht schlüssig, was tun. Sie ging zur warmen Scheunenwand, stampfte mit den kleinen Vorderhufen im Sand, und da sich nichts veränderte, beschloß sie abzuwarten. Sie stellte sich in

Ruhestellung, probierte den Wechsel von Spiel- und Standbein, bis sie die richtige Haltung gefunden hatte und ließ sich von der Sonne wärmen.

Heute würde sie den Halfter aufbehalten, morgen vielleicht und übermorgen, bis er sie nicht mehr störte. Ihr Lernen hatte erst begonnen. Wie lange wird sie brauchen, bis sie mir ohne Widerstreben folgt? Bis sie sich vertrauensvoll führen läßt, ohne die Beine in den Boden zu rammen? Schon jetzt war mir die Kleine kräftemäßig ebenbürtig.

Über uns jubelte lautstark die Lerche. Der Dunst lag noch auf den Feldern. Leise, sehr ferne, rief der Kuckuck.

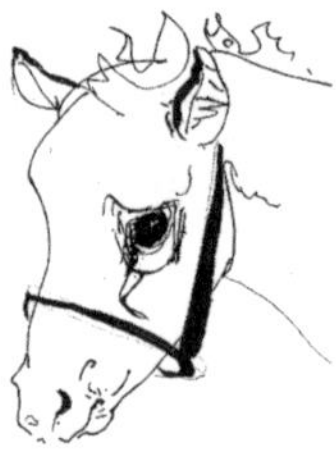

Madani geht fort

Das Füllen versprach seiner Mutter sehr ähnlich zu werden, von der Farbe bis zu ihrer Liebenswürdigkeit. Nun sollte es der Stute entwöhnt werden. Aus dem verwundert neugierigen Fohlen war ein geschmeidiges, gut bemuskeltes junges Pferd geworden. Genährt mit süßer Stutenmilch in Fülle, nahrhaftem Gras und täglicher Bewegung in frischer Luft, hatte es sich entwickeln können. Die Menschen, die es kannte, waren gut zu ihm gewesen. Wie sollte es anders sein, als daß auch Madani gutartig und vertrauensvoll in die Welt sah.

Uns besuchten Pferdefreunde und sahen das Fohlen. Ihr alter Wunsch, einen Araber zu besitzen, überrumpelte sie. Wie gut verstand ich das. Meine langen Überlegungen endeten in der Entscheidung, Madani abzugeben. Sie war unser erstes Fohlen – aber sie würde nicht unser letztes Fohlen sein. Ein neues Sternchen wuchs in MEDINA.

Nachdem wir lange genug über Pferde, Gott und die Welt geredet hatten, gab ich dem jungen Paar mein Wort. Bei ihnen sollte Madani ihre neue Heimat haben. Ihre Entscheidung sei sehr plötzlich, sie hätten noch Vorbereitungen zu treffen. In vierzehn Tagen etwa wollten sie die Kleine abholen. Natürlich, ein Pferd kann man nicht in die Veranda stellen.

Was sein muß, soll bald sein. Alle Tage bis dahin waren Abschied. Nun war der Tag der Trennung gekommen. Ich wartete bereits am frühen Morgen. Hoffentlich kamen sie nicht mit solcher Schweinekiste, wie es dazumal MEDINA genügen mußte. Ein richtiger Pferdeanhänger wäre gut. Zum Glück waren die Kinder in der Schule, als am späten Vormittag ein PKW hielt. Noch hatte ich keine Ahnung, welche Überraschung auf mich wartete. Sicher würde der Transporter nachkommen, keine Frage. Also erledigten wir die Formalitäten, tranken unseren Tee, und als immer noch nichts geschah, stellte ich meine Frage. Mein Pferdefreund lachte, zeigte einen festen neuen Strick und auf seine derben Schuhe und genoß meine Verblüffung. „Doch, doch, das geht schon. Das wird unser erstes gemeinsames Abenteuer.“ „Bester Mann, das Fohlen war noch nie auf einer Straße! Dazu achtzig Kilometer Wegstrecke!“ „Sie werden sehen, es geht gut. Nach meiner Karte schaffen wir das“, war seine bestimmte Antwort.

Die sportliche Haltung imponierte mir. Was sollte schon geschehen? Es war Sommer, die Nächte warm; endlich einmal einer, der nicht nur ein Sportgerät in seinem Pferd suchte.

Nun ging alles schneller, als ich dachte. Madani ließ sich folgsam unseren Weg zur Straße hinunterführen. Sie wieherte nicht einmal. Es würde so sein wie immer, wenn ich mit ihr ein Stück spazierenging. Kein Mißtrauen, keine Angst war da. Auf dem Hügel machte ich kehrt und wünschte 'Gute Reise!‘. Wir wollten telefonieren. Dann fuhr auch seine Frau mit dem PKW ab.

Immer wieder rief MEDINA ihr Fohlen, nachdrücklich und kräftig. Sie rannte den Zaun entlang, sie suchte. Um sie abzulenken, ritt

ich hinaus. Auch hier blieb sie gelegentlich wiehernd stehen. Zwei Tage lang war die Stute in Unruhe, dann ließ sie nach. Die Milch bildete sich zurück. MEDINA war wieder allein. Das Verhalten eines Pferdes ist nicht mit menschlichen Maßstäben meßbar, ist von keiner Moralvorstellung verbogen. Seine Gesetze sind naturbedingt, und wir, die oft schon so weit von ihr entfernt sind, müssen staunen.

Meine Gedanken beruhigten sich nicht so einfach, sie begleiteten Madani. Am Nachmittag zogen Wolken auf, und eine Weile später setzte Regen ein. Nicht heftig, eher von der Beständigkeit, die ankündigt, daß er über Nacht anhalten konnte. Ich telefonierte mehrfach und wußte doch, sie konnten noch nicht angekommen sein. Es regnete und regnete. Auch die Frau dieses tatendurstigen Mannes sorgte sich. Sie würde sich sofort melden, versprach sie. Wohl oder übel gab ich mich drein.

Am anderen Morgen hatte es sich ausgeregnet. Immer noch keine Nachricht. Sie schliefen sicher, waren müde, redete ich mir ein. Um zehn Uhr dann klingelte das Telefon, und in Kurzfassung hieß es: „Wanderung heil überstanden. Mann schläft, Pferd weidet." Bei unserem nächsten Wiedersehen erfuhr ich die Einzelheiten ihres Abenteuers. Zunächst waren Mann und Fohlen rüstig die Hauptstraße langmarschiert, schön rechts wegen der Autos. Madani sah nach den ersten erschreckten Begegnungen mit ihnen schnell ein, daß es besser war, sich zu fügen, als zu rebellieren. Die energische, aber wiederum liebevolle Art ihres Begleiters gab ihr Vertrauen. Aber es ging sich nicht gut auf der harten Straße. Der Mann erwog, auf Feldwege auszuweichen, vielleicht sogar dadurch ein Stück abzukürzen. Als es begann dunkel zu werden, befürchtete er, sich hoffnungslos zu verlaufen. Sie fanden zurück zur Hauptstraße. Längst regnete es. Madani folgte wie ein treuer Hund. Er zog in Betracht, in einer Scheune zu übernachten. Der Wunsch war zu ungewöhnlich, sie verloren nur Zeit. Als die Straße durch die nächste Kleinstadt führte, sie waren gerade bis zur Marktmitte gekommen und der Regen wurde heftiger, stellte sich der Mann mit seinem Fohlen kurzerhand in den überdachten Vorraum neben das Schaufenster eines Schuhgeschäfts und wartete ab. Ein wachsamer Polizist hatte sie entdeckt. Vorsichtig näherte er sich ihnen und ließ sich erst einmal den Ausweis zeigen. Nein, er sei normal, beteuerte der Mann, aber – und dann erzählte er seine kleine Geschichte, und daß sie nur noch an die dreißig Kilometer bis nach Hause hätten. Den Polizisten rührte das. Er holte aus seiner Wache eine Decke für Madani und telefonierte mit der Frau. Die brachte ihm mit dem Auto Regenkleidung und fuhr wieder heim. Mann und Pferd marschierten jetzt weiter die Hauptstraße entlang. Nachts gab es wenig Verkehr, und sie kamen vorwärts. Ein Streifenwagen holte sie ein. Ein Pferdedieb? Ach nein, nur zu Fuß auf dem Weg nach Hause?! Aber die Papiere stimmten, sie hatten keine Befugnis, ihn festzusetzen. Jeder darf nachts mit einem Pferd die Straße benutzen. Nur sollte er es in Zukunft bitte mit einem Leuchtzeichen versehen. Der Mann versprach es von ganzem Herzen. Er hätte noch viel mehr versprochen. Dann bei Tagesanbruch habe er bereits leichte Verwandlungen gesehen, gab er zu. Einen Busch am Wegrand für seine wartende Frau gehalten und ähnliches mehr. Aber Madani habe ihm Mut gemacht. Sie ging unermüdlich neben ihm her und das habe ihn verpflichtet. Als er gegen neun Uhr auf seinen Hof einbog, wäre er rein mechanisch gelaufen, hätte das Fohlen auf die Weide gebracht und sei ins Bett gefallen. Er habe sehr lange geschlafen. Madani hätte geweidet und sich erst viel später niedergelegt, wie seine Frau berichtete.

Und der Stall? Neben dem in der ehemaligen Scheune ausgebauten Wohnhaus ein kleiner Werkzeugschuppen. Hier, gleich unter dem Fenster, war der schmale Gang durch eine einzige Stange abgetrennt. Das Füllen konnte sich gerade darin umdrehen und einige Schritte gehen. Es hat nie versucht, die Stange zu überspringen. Ich wollte es kaum glauben. Dieses Fohlen, das,drei Tage alt, über einen Koppelzaun geklettert war, um der Stute zu folgen, begnügte sich sittsam auf knappstem Raum. Tagsüber war es draußen, und nachts blieb es hier, bis es später seinen großen, luftigen Stall beziehen konnte.

Der Mann war glücklich. Er hatte sein arabisches Pferd mit den Eigenschaften, die dieses Tier in jahrhundertealter Beziehung zum Menschen entwickelt hatte, immer eng an ihn gebunden. Ihr Abenteuer war der Beginn einer tiefen Freundschaft.

Spätsommer

Ums Haus wurde der letzte Weizen geerntet. Es rumorte und dröhnte. Die Erntemaschinen schoben sich pausenlos durch das Meer der Halme. Im Hintergrund der Wald warf das Echo zurück, weich und schwer. Panzer dröhnen anders. Das gehört zur Erinnerung meiner Generation. Jede Generation hat ihre Erinnerung. Nun, da es Abend wurde, wanderten die Lichter der Ernteriesen wie Kegel übergroßer Taschenlampen über die Felder. Wolken von Staub wurden in ihnen sichtbar, das Ende eines heißen Tages. Im Westen stiegen dunkelblaue Wolkenmassen höher. Regen hing in der Luft. Ob MEDINA ihn witterte oder sich von dem ungewöhnlichen Bild der sonst stillvertrauten Flächen anstecken ließ? Sie trabte in schwebenden Gängen über ihre Koppel, der steil erhobene Schweif pendelte im Takt. Ihre Erregung verwandelte sich in vollkommene Eleganz. Dahinein fielen die ersten prasselnden Tropfen. Die Stute sprang in rasantem Galopp, jagte mehrmals die Runde und schlug mit ihren Hinterhufen in die Luft gegen den Regen.

Schade, die Männer hätten in wenigen Stunden ihre Arbeit beenden können. Nun war das Getreide naß. Das Dröhnen erstarb. In der milden Nacht zirpten allein die Grillen wie toll.

An einem frühen Morgen blühte der Altweibersommer in den niedrigen Kiefern. Woher waren plötzlich Hunderte und Tausende zartzitternder Spinnennetze gekommen? Kleinen Diamanten gleich glitzerten die winzigen Tautröpfchen im Licht. Gehört hatten wir nur die Grillen, die fleißigen Spinnen wirkten lautlos. Überall Gesetzmäßigkeiten, Lebensrituale, die ich wahrnahm, aber nicht durchschaute. Mir blieben nur Staunen und Freude.

Ein Traktorenhänger voller Stroh war auf den Heuboden zu schaffen. Wintervorsorge. Von dem abgekippten Ballengebirge schleppten Alwine und Gustel die Bunde vor die Bodenluke. Strohtrocken, goldgelb und so herrlich rutschig – was hätten sie damit alles bauen können! Bauen gehörte damals schon zum Allerschönsten. Wer zählte ihre Höhlen, Hütten auf Bäumen, im Rohrpuhl, am Waldrand? Doch diese Bunde kamen unters Dach. „Möchtet ihr ein Bett ohne Federn im Winter?" Das wollten sie nicht. Anfangs machte die Sache Spaß, dann wurde es schlichtweg Arbeit. Staub und Hecheln klebten auf der schwitzigen Haut. Aber dann hatten acht Hände dem Stroh Beine gemacht. Als draußen Sturm und Nässe regierten, zog es die Kinder manche Stunde unters Dach in Heu und Stroh. Dort spielten sie ihre Rollenspiele, bauten ihre Gemächer, reizten sich zu kleinen Mutproben. Kreischend hinunterspringen, rutschend das Gleichgewicht verlieren, mit dem Kopf zuerst unten ankommen, das kribbelte im Bauch. Wie in meiner Kindheit auch.

Die Pracht der Blumen am Wegrand war vorbei. Samende Disteln, gelbe Soldatenknöpfe säumten das Feld. Vereinzelt leuchteten die Büsche der blaßblauen Wegwarte, die so rasch verwelkt, wenn sie gepflückt wird. Seit einer Woche schon zogen Kraniche rufend über die Hügel. Ihre Jungen sammelten sich.

Unser Reitplatz waren abgeerntete ebene Flächen. Hier ließen sich gut einige Übungen machen. Volten, Zirkel, Schlangenlinien, Schenkelweichen. MEDINA kannte die Hilfen und war willig. Zur Belohnung zogen wir danach ins Gelände. Heute konnte ich die Stute laufen lassen. Kein Kaninchenloch, keine Wildschweinkuhle verbarg sich. Der frisch eingesäte Acker war übersichtlich wie ein flacher Teller. Sogar einen sich duckenden Hasen hätten wir entdeckt. Die breiten Traktorenspuren waren fest wie kleine Wege.

Mir wurde es warm. Die Lederjacke legte ich vor mich auf den Sattel. Die Braune drängte vorwärts, die Jacke rutschte, hastig griff ich zu, suchte sie zu halten. Der Wind beutelte sie erschreckend, so daß MEDINA sich scheuend im Kreise drehte. Hatte ich einen Zügel verloren? Mein Schwergewicht verlagerte sich auswärts. Ich spürte, daß ich mich nicht würde halten können, Sekunden nur – dann schleuderte ich zu Boden. Die Härte des Aufpralls zog alles zusammen: Ernüchterung, Übelkeit, Wut und auch Sorge. Erst einmal prüfen, was heil war. Langsam setzte ich mich auf. Außer Schädelbrummen war nichts passiert. Wenige Schritte entfernt wartete die Stute. Sie hatte sich ihr Lob verdient, denn es ist schlimm für einen Reiter, dem sein Pferd davonläuft. Hochangenehm für mich, jetzt nicht zu Fuß heimzuhumpeln. Mir würde schon etwas einfallen, warum ich meinen Knöchel verknackst hatte. Die blauen Flecke brauchte ich niemand zu zeigen.

Über zwei Stunden waren wir unterwegs. MEDINA lockte die Nachtweide. Bald war ihr Maul feucht vom Tau, und noch etwas später konnte sich der Mond in ihren Augen spiegeln. Die Stalltür blieb offen. Urig röhrte und gurgelte ein Hirsch vom Wald herüber. Noch antwortete ihm niemand. Ihre Zeit kam erst. Danach war alles still.

Folgenschwere Reise

Es kam eine verlockende Einladung für die Familie: Herbstferien am Bodensee. Was die Kinder allein alles einpacken wollten! Auch das liebste Buch sollte mit auf die Reise. Aber MEDINA mußten wir dalassen. Damit sie an nichts Mangel litt, befestigte ich die geöffneten Türen vom Stall bis auf die Weide. Sie könnte selbst wählen, wann sie im Schatten und unterm Dach sein oder wie oft sie die Graskoppel aufsuchen wollte. Der hilfsbereite Nachbar würde nach dem Rechten sehen und sie versorgen.

Für uns wurden es herrliche Tage mit neuen Eindrücken, Dampferfahrten und viel Zeit füreinander. Wir waren so beschäftigt, daß erst auf der Heimfahrt Platz entstand für die große Freude, wieder nach Hause zu kommen.

Da wartete alles auf seinem Platz. Nur spürten wir deutlich, daß der milde Süden weit hinter uns lag. In Mecklenburg hatte sich der Oktober mit Stürmen und Nässeschauern breitgemacht. Haus und Stall wirkten eigentümlich verlassen im halben Licht eines verhangenen Himmels. Mein erster Gang führte zu MEDINA, die am Tor des Zaunes stand. Während unser Hund sich vor Freude wie verrückt gebärdete, uns ansprang und leckte, blieb der Stute nur ein stummes Nasenreiben an meiner Schulter. Ich hatte nicht erwartet, ein vor

Begeisterung steigendes Pferd vorzufinden, aber ihre Bewegungen, ihr zerzaustes Aussehen und eine gewisse Zurückhaltung erinnerten mich an ein vernachlässigtes Kind. Viele Tiere, ganz gewiß aber Pferde, können Trennung bis zur Selbstaufgabe empfinden. Ich wußte nicht, wie es der Stute ergangen war, nur, eine kleine Distanz war da. Später erst erfuhr ich vom Nachbarn, daß MEDINA, wenn sie nicht weidete, nur an dieser Stelle des Zauns gestanden hätte, wo ich zur Koppel zu kommen pflegte. Selbst bei Regen habe er sie da gesehen. Sie mochte gewartet haben. Ich freute mich darauf, es wiedergutzumachen. Mehr als sonst war ich bei ihr, länger des Abends im Stall. Es war tatsächlich ungemütlich draußen. Viele der Bäume zeigten blattlos die Äste. MEDINA´s Fell wuchs dichter. Alles hatte wieder seine alte Ordnung. Die Stute kam zur Nacht in den Stall, nur die Obertür blieb geöffnet. Wenn Regenschauer über das Land jagten, blieb sie im Trocknen, erhielt ihr Futter in der Box. Warum nur hatte sie in Wind und Nässe draußen am Zauntor gestanden während unserer Abwesenheit? Etwas war für sie aus der Gewohnheit gekommen. Eine Art von Herdenersatz hatte ich ihr bedeutet. Pferde sind keine Einzeltiere, und instinktiv war sie ständig auf der Suche gewesen, bis ich wiederkam. Nun war es gut. So dachte ich jedenfalls.

Im November begann MEDINA zu husten. Ich nahm es nicht so ernst. Auch Kinder husten, und es vergeht wieder. Dieser Husten verging nicht. Unser Tierarzt fand Drüsenknoten zwischen den Kinnbacken.

„Das darfst du nicht leichtnehmen, es könnte chronisch werden“, warnte er mich, „schone die Stute auch beim Reiten. Vor allem keine kalte Nässe auf den Rücken. Das ist Gift für diese Wüstenpferde." Ich wußte es ja. Und damit begann ein langer Winter, der, ohne daß ich es wahrhaben wollte, MEDINA's Leben entscheidend verändern sollte.

Der Monat November spielt bei mir nicht die Stiefkindrolle der Jahreszeit, die viele Menschen ihm zuschreiben. Nicht das freie Feld lockte zum Ritt, aber allenthalben der Wald. Seine herbe Ruhe, die Bitterkeit seines Aromas und die Geborgenheit, die er selbst einem einsamen Reiter schenkt, sind reizvoll genug. MEDINA's wegen wählte ich trockene Tage. Willig trabte sie die bekannten Wege, und willig setzte sie sich in Galopp. Doch immer öfter mußte sie abbrechen, weil Hustenreiz ihr die Luft nahm. Natürlich gab ich den Zügel lang und ließ sie im Schritt zu Atem kommen. Natürlich nahm ich mir vor, ruhiger zu reiten. Man könnte dabei die Umwelt intensiver erleben, redete ich mir zu. Aber im Stall angekommen, plagte der Husten das Pferd auch ohne Rennen. Anfangs war es mehr ein kurzer, schnell verklingender Ton. Aber es kam die Zeit, in der ich mich dem Pferd lauschend näherte, stets gewärtig, ihn zu hören. Ich verglich die Abstände, die Lautstärke, ich wollte mir so gerne einreden, daß es sich besserte. Ihr Futter erhielt reizstillende Mittel, und ich glaubte tatsächlich, es half. Die Knoten zwischen den Kinnbacken waren zurückgegangen. Und doch hustete mein Pferd weiter. Besonders an den Abenden, wenn es still wurde, hörte ich es in meinem Zimmer. Nur ich hörte es, wie eine Mutter ihr Kind auch früher hört, bevor andere es wahrhaben. Ein leises, geschwächtes Geräusch, aber es war da.

STALLGESPRÄCHE

Indessen regnete vom Himmel, was hätte Schnee sein sollen. So aber war es naß und dunkel. Der Tierarzt gab mir ein Mittel, um die Stute damit inhalieren zu lassen. Es schien ein Ding der Unmöglichkeit. MEDINA trat verschreckt rückwärts, als die dampfende Flüssigkeit in ihre Nähe kam. Sie war nicht dazu zu bewegen, ihre empfindliche Nase über den Eimer zu halten. Und doch brachten wir das Kunststück fertig, auf sehr normale, ruhige Art. Zum Fressen band ich sie vor die Krippe, als Dessert gab es Schrot aus der hohlen Hand, die ich halb in den Eimer hielt. So wurde das neue Gefäß akzeptiert. Dann füllte ich etwas warmes Wasser hinein, legte Heu darüber und siehe, es ging auch. Langsam, von guten Worten begleitet, gewöhnte sich die Stute an das Ungewöhnliche. Nach einer Woche steckte sie ihre Nase durch die Beuge meines Armes bis dicht über die dampfende Flüssigkeit, von einer Handvoll Heu getarnt. Es tat ihr gut, und sie schloß wohlig halb die Augen.

So saß ich jeden Abend auf MEDINA's Krippe, und während die Stute lösende Dämpfe atmete, begann ich zu erzählen. Nicht in einer bestimmten Reihenfolge und nicht, weil sie den Sinn der Worte verstand, aber sie liebte den Klang meiner Stimme, und wenn sie ab und zu regelrecht seufzte, dann entsprang es innerer Behaglichkeit. Also halb Selbstgespräch und halb Zwiegespräch. Es umgab uns eine seltene Vertrautheit, wenn wir, ein Mensch und ein Tier, unsere Zeit so miteinander teilten.

Wie anders war das Klima in MEDINA's Heimatland, wo der Wind trocken und heiß durch die Wüsten Zentralarabiens zog, aber die Nächte sich abkühlten bis auf Minusgrade. Diesen kalten Regen, diese nassen Nebel wie hier kannte dort niemand. Ich sprach von den Beduinen, die für ihre Pferde über tausend Segensprüche haben, aber nicht einen einzigen Fluch. Daß ihr Stolz die Stuten waren, die, an Kamele gehalftert, tagelange Beutezüge durch wasserloses Land mitliefen, aber wenn es zum letzten entscheidenden Kampf kam, ihre Reiter mit Ausdauer und Schnelligkeit zum Sieg trugen. Die meisten der Pferde waren bei der Heimkehr abgezehrt und halb verdurstet, aber nicht lahm oder verzagt. Einige Hände voller Datteln, etwas Kamelmilch mußten oft genügen. Nicht selten wurde eine tragende Stute bis zu ihrer Niederkunft geritten. Leistungswille und Zähigkeit zeichneten sie aus. Ich erinnerte mich auch daran, daß Beduinen ihre Pferde nie am Kopf anzubinden pflegten. Er hatte frei zu sein für jede Orientierung. Dafür waren sie nicht zimperlich, wenn sie mit Eisenketten die Vorderfüße fesselten, damit sich die Tiere nicht weit vom Zelt entfernen konnten. Aus Reisebeschreibungen und alten Fotos stammte mein Wissen und manches aus dem Mund meines Dichterfreundes, der seine arabischen Pferde sehr liebte.

Und weil es viele Abende waren, die MEDINA und ich so verbrachten, zog sich der Bogen meiner Berichte von Mohammed dem Propheten bis hin zu den prunkvollen Gestüten und der blendenden

Herrlichkeit von Kalifen, Sultanen, Schahs und Emiren. Wenn Mohammed im islamischen Koran den Wert des arabischen Pferdes festschrieb, so wundert es nicht, daß auch in der islamitischen Literatur in sehr bilderreicher Sprache die Beziehung des Arabers zu seinem Pferd ausgedrückt wird: „Seine Stute ist sanft wie ein Lamm, aber wie ein Panther im Zorn, ihre Nüstern sind geöffnet wie die Blütenblätter einer Rose. Ihre Schultern verwandeln sich in Flügel, wenn sie rennt, ihre Beine sind stark wie die eines wilden Straußes, die Augenwimpern lang wie Gerstenähren. Sie ist ein Trinker des Windes, ihr Gang ist der eines schönen Weibes und die Brust, die eines Löwen."

Nur war das, was ich erzählte, längst Geschichte geworden. Autos und Feuerwaffen haben die Rolle des arabischen Pferdes in seiner Heimat absolut verändert. Sein Wert als Beutebringer wurde nichtig, wandelte sich in repräsentative Formen als Königsgeschenk und Luxusbesitz. Was aber treibt Menschen heute dazu, in fast allen Teilen der Welt diese edlen Pferde weiterhin rein zu züchten? Darauf zu achten, daß ihre Sanftmut, ihre Genügsamkeit, ihre Härte, Ausdauer und einmalige Schönheit nicht für alle Zeiten verlorengingen? Ich fand viele Antworten. Aber die beste von allen war die, daß es Menschen aus Achtung und Liebe zu diesem Geschöpf taten.

Trotz all meiner Mühen, MEDINAS's Husten verging nicht. Ich gewöhnte mich langsam daran, sie beim Reiten sehr zu schonen. Aber gleichzeitig wurde mir bewußt, daß dies auf die Dauer keine Lösung sein konnte.

EISREFLEXE

Wenn wir in der Küche frühstückten, konnte der Blick hinaus über die Koppel zum Rohrpuhl wandern. Und fast bis dorthin reichte der frühe Schatten unseres Hauses, wenn die Sonne aufging. Hier besaß der Pulverschnee eine graublaue Farbe, während er im Licht weißgelb glänzte und auf dem Hügel dahinter sogar einen lachsfarbenen Schein erhielt. Gerade jetzt täuschte der weite Himmel sommerliches Blau vor, aber am Horizont tauchten bereits die nächsten schwärzlichen Schneewolken auf.

Alwine starrte gebannt zum Schilfstreifen des Puhls. „Da blitzt es immerzu, immerzu", betonte sie nachdrücklich. Alle suchten, und wirklich, nun sahen wir es auch. Vor dem Weidengebüsch, das den ganzen Puhl durchzog, bewegten sich sachte die rauhreifüberzogenen Schilfhalme dicht bei dicht. Dabei blitzten spiegelgleiche winzige Lichtlein auf und vergingen im Sekundenbruchteil – ständig wechselnd wie die Fixsterne am herbstlichen Nachthimmel. Es hätte ein phantastisches ausgeklügeltes Bühnenbild zu einem Märchen sein können, zauberhaft, reizend, irritierend. Eisreflexe oder Irrlichter im Sonnenschein, schnell vergänglich und kaum von jemand wahrgenommen. Die Meise, die am Kirschenbaum von der Schwarte hackte, sah davon nichts. Für sie waren andere Dinge wichtiger. Wir aber saßen in der warmen Küche, ließen den Heizkessel bullern und uns die Schnitten schmecken.

Es war ein kurzes, sehr vergnügliches Erlebnis, aber noch Jahre danach ist es in mein Gedächtnis eingeprägt.

Die dunklen Wolken hatten uns geäfft. Nur ein fingerdünner Schneeschleier war herabgeweht. Der Kastanienweg mit seinen Hecken, die verschneit undurchdringlich wirkten, ähnelte einem Hohlweg. Nur die ganz oberen Zweige hatten sich von der Schneelast befreit und reckten sich nackt in die Luft. Eine eiskalte reine Luft, so sauber, wie alles ringsum. Die Stute hustete nicht, solange wir auch unterwegs waren. Sichtbarer als bei der ersten Trächtigkeit war ihr Leib gewölbt. Er hinderte nicht ihren weiten Schritt. Die klammen Hände am Pferdehals, genoß ich die Wärme, die in mich strömte. Ich dachte an das kommende Fohlen, aber ich kam nicht an gegen die Lähmung, die sich in mir auszubreiten begann.

Beiderseits dehnten sich weiße Flächen, durch nichts, durch gar nichts unterbrochen. Gleichmäßig zartes Grau füllte das Bild bis auf den schmalen Horizont, wo sich die Linien zweier bewaldeter Hügel trafen. Nur am Himmel durchzogen hellere Streifen die Wolkenmassen, als lockten sie in eine leuchtende Ferne. Mein Herz wurde beklemmend schwer. Alle Lust und alle Freude, die mir MEDINA gab, waren gestundet.

Wir kamen ruhig voran und ließen die Augen wandern. Wieder erblickte die Braune das Ungewöhnliche zuerst, ein Feuer der Waldarbeiter im Kahlschlag. Viel mehr als eine Rauchfahne war es nicht. Sie blieb wie angewurzelt stehen, blickte starr dorthin, den Kopf erhoben und die Ohren wie Antennen nach vorn gerichtet.

Knisternd umtanzten Flammen die Äste. Es roch angenehm rauchig; gutes Wetter zum Reisigverbrennen. Ich wechselte drei Fragen mit drei Antworten und ritt meines Wegs. Die Männer erstickten das Feuer und fuhren in schmalen Spuren mit ihren Mopeds heim.

Die herabhängenden, vom Schnee niedergedrückten Zweige in der Lärchenschonung waren so dick gepolstert, daß ein Gefühl kühler Enge über mich kam. Die zarten Zweige trugen plötzlich Pelze, wirkten wuchtig, nahmen neue Formen an. Meine Beklommenheit wuchs. An einigen Stellen mußte ich mich tief bücken, um durchzukommen. Immer wieder rieselten Batzen von Schnee auf meine Schenkel, auf MEDINA's Hals und Schultern. Wo war der Weg geblieben? Das Futterhaus für Reh und Hirsch sagte uns wieder, wo wir waren. Es begann das letzte Stück Hochwald mit den gerade gewachsenen alten Fichten. Durch die weiße Last bogen sich ihre Zweige unnatürlich eng abwärts, und wie sie so dastanden, Stamm neben Stamm, erinnerten sie an gotische Räume, streng würdevoll und schön zugleich.

Ein kleiner Zügelanzug, MEDINA blieb stehen. Kühle weiße Stille. Ganz fein nur und eigentümlich verloren die Piepser der Tannenmeisen.

Aus dem Wald warf sich die Stute in den harten Wind des Feldes. Anders kamen wir nicht nach Hause. Ich kniff die Augen zusammen und ließ sie laufen – und husten. Im Wohnhaus brannte schon Licht, der Stall kam uns warm und heimelig vor. Ich mischte die Medizin unter MEDINA's Futter, aber ich glaubte nicht mehr an ihrer Wirkung.

Marafah

Mir schien es, als ob MEDINA mit zunehmender Trächtigkeit noch ausdrucksvoller wurde. Die schwere Rundung des Leibes ließ die Beine und den Hals schmaler, nerviger, klarer erscheinen. Die seidig anliegende Mähne betonte Weiblichkeit. Ganz anders als der Kopf eines Hengstes, der vor allem Kraft und Herrschaftsbereitschaft mitteilt, sprach dieser Stutenkopf durch seine Beseeltheit und großen Liebreiz.

Der erste Monat des neuen Jahres war fast vorbei. Seine Schneegestöber und heulenden Winde nötigten uns, durch vermehrte Aktivität zu widerstehen. Es bekommt einem schlecht, sich ängstlich zu verkriechen oder darauf zu warten, daß es draußen besser wird. Ganz selbstverständlich lernten es die Kinder. Auf der kilometerlangen Straße zum Schulbus gab es keine Lampen. Am besten war's noch, wenn der Schnee das fahle Morgenlicht reflektierte. Im schlimmsten Fall half eine Taschenlampe. Doch ihr mickriger kleiner Lichtkegel wurde meist verschmäht. Unterwegs gesellten sich andere Schüler dazu, und morgens hatten sie es ausnahmslos eilig.

Es gibt Menschen, die darauf schwören, daß das Leben eine reine Organisationsfrage sei. Soweit versteige ich mich nicht. Aber ich mußte lernen, so vorzubereiten, daß die Kinder gleich mir pünktlich in der

Klasse waren. Jeder Handgriff war überlegt. Heizen, die Kinder kontrollieren bei ihren Morgenpflichten, MEDINA füttern und den Stall säubern. Die Tage waren so randvoll, wie ich es brauchte. Mein Mann konnte ungestört an seinen Büchern sitzen. Und wenn er unterwegs sein mußte, um Vorträge zu halten oder Veranstaltungen zu besuchen, so war auch das zu bewältigen. Nur eines lag nicht in meinen Kräften: MEDINA´s Husten zu vertreiben. Wie ein Schatten verdunkelte er meine Tage.

Wenn die Stute abends ihre Nase über den Wasserdampf des Eimers hielt, entspannt und mir vertrauend, dann unterhielten wir uns. Nur unverständige Menschen lachen darüber, wenn jemand mit einem Tier richtig spricht. Es versteht viel mehr davon, als sie ahnen. Und wer ihre Körpersprache kennt, erhält Antwort.

Die Niederkunft der Stute stand unmittelbar bevor. Um sie dabei nicht zu stören und doch in ihrer Nähe zu sein, richtete ich mir hinter der Trennwand zur Scheune ein Nachtlager aus Stroh. Davon brachte mich auch mein besorgter Mann nicht ab. Letztlich trug ich diese Verantwortung. Und ich will meine Gedanken ehrlich auf den Tisch legen: Dieses Fohlen würde einmal MEDINA´s Platz in unserer Familie einnehmen, wenn sie nicht mehr da wäre.

Kurz vor Mitternacht bezog ich meinen Wachposten. Es war angenehm warm in der Stube gewesen, der Wechsel in die kalte Tenne ließ mich schaudern. Trotzdem hätte ich mich nicht ins Bett legen können. Wieder ging ich in den Stall, schüttelte die saubere Einstreu auf, war zärtlich zur Braunen und ließ mir ihren warmen Atem ins Gesicht blasen. Aus ihrem Euter perlten weiße Tropfen. Einen kleinen Spalt ließ ich die Zwischentür zur Tenne offen, so daß ein schwacher Lichtschein auch in die Box reichte. Dann machte ich es mir auf meinem Strohlager so bequem wie möglich. Nachtstille mit einzelnen Windstößen, die mal hier und mal dort etwas zum Klappern brachten. Langsam fiel ich in einen Halbschlaf. Noch hörte ich es rascheln, wenn die Stute ihren Standort wechselte, ich hörte ihre kurzen Hustenstöße. Dann war ich wohl ganz eingeschlafen. Die ungewohnte Kälte holte mich bald in die Wirklichkeit zurück. Ich blies in die Luft, der Atem war sichtbar. Leise ging ich hinüber und schaute nach. Die Braune war unruhig geworden. Sie kam kurz zu mir, rieb die Nase an meiner Brust, wendete den Kopf gegen ihren Leib, als wolle sie auf etwas hinweisen, und begann wieder zu wandern. Dann stand sie still. An die Dunkelheit gewöhnt, konnte ich erkennen, wie einzelne Wehen ihren Bauch preßten. Still zog ich mich zurück. Halb sitzend im Stroh, suchte ich der Kälte zu trotzen. Bewegung hätte mir gutgetan. Ich blieb seßhaft und ließ dafür meine Gedanken wandern. Wie unterschiedlich Mensch und Tier die gleiche Situation bewältigen. Als meine Kinder zur Welt drängten, begleiteten mich neben sehr viel Neugier und Freude auch eine tüchtige Portion Angst vor den Schmerzen, die dazugehören. Und während zu Hause der Sekt kaltgestellt wurde, machte ich Erfahrung mit ihnen. Wieviel Aufregung hätte ich mir erspart, wären meine Vorstellungen nicht so phantasievoll gewesen. Darunter litt MEDINA nicht. Sie nahm es, wie es gerade kam, wirkte ruhig und entspannt, wenn es eine Pause gab. Konnte sie nicht vorausdenken? Kam daher die geduldige Kraft des Ertragens?

Wenn das Fohlen die richtige Lage im Mutterleib hatte, konnte die Geburt normal verlaufen. Natürlich hoffte ich darauf, war aber auch bereit, zu jeder nachtschlafenen Zeit unseren Freund aus dem Bett zu holen, der ein bemerkenswerter Tierarzt war. „Laß sie nur machen", hatte er gesagt, „nur wenn es zu lange dauert, dann guck ich mal." Die Winternacht war stiller geworden. Sterne glitzerten am hohen Himmel, hatten den Wind zum Schlafen gebracht. Des Nachbarn Hund bellte und wartete auf Antwort. Es plätscherte leise hinter der Wand. Die Fruchtblase lief aus, die Geburt hatte eingesetzt. Ich weiß noch, wie heiß ich vor Aufregung wurde. Ich sah auf die Uhr, weil mir jedes Zeitgefühl abging. Dann wieder Stille. Nach Minuten drang leises Stöhnen an mein Ohr, ganz leichtes Knacken, weiter nichts. Kaum wagte ich mich zu bewegen. MEDINA war sensibel, eine Störung konnte Komplikationen bringen. Laß sie nur machen, hatte er geraten, man muß auch abwarten können. Durch die Bretterwand vernahm ich in kurzen Abständen drückendes Pressen, leises unregelmäßiges Atemgeräusch.

Ich wartete auf einen kleinen, unbestimmten Laut, der mir anzeigte, daß das Fohlen auf der Welt ist. Aber es kam nichts. Einmal nur kratzte etwas gegen das Holz, dann schien etwas zu rutschen – und wieder diese Stille. Sie beunruhigte mich. Ich sah auf die Uhr, es waren etwa fünfzehn Minuten vergangen. Wie lange sollte ich noch warten? Ich war sehr allein mit meinem Zweifel. Zu guter Letzt erstickte mir das Fohlen in der Eihaut, weil ich nicht half? Ich mußte hinüber! Mit abgeblendeter Taschenlampe ging ich in den Stall. Da stand MEDINA. Im Stroh zu ihren Füßen lag ein lebendiges, nasses Fohlen und schüttelte seinen langen Kopf. Sofort neigte die Stute sich über ihr Kind, um es mit der Zunge weiter zu säubern und zu massieren. Wieder und wieder leckte sie über das glänzende Fellchen. Dann schaute sie mich an, und ich streichelte ihre Stirn. Plötzlich vermeinte ich wunschlos glücklich zu sein.

Ich reinigte den Stall, stellte lauwarmes Wasser neben die Krippe, schüttelte Heu auf, und dann half ich dem neuen Wesen auf seine hohen Stelzen zu kommen. Es wackelte, es fiel um, es rappelte sich wieder hoch. Alles was mir zu tun blieb, war die Desinfektion des Nabels. Wirklich nur diese Kleinigkeit. Unbeholfen stolperte das Fohlen zu seiner Mutter. Hunger konnte es noch nicht haben. Aber es war wichtig, die Stelle zu finden, die Nahrung gab. Es suchte die Stute ab. Ohne Ungeduld ließ es sich MEDINA gefallen. Unermüdlich wanderte das Mäulchen umher, schnupperte und stupste gegen Brust, Beine, Schenkel und Bauch. Wieder dauerte es seine Zeit, bis es belohnt wurde. Wie sehr es sich erstmals mühen mußte, den Kopf wenden und drehen, um saugen zu können. Aber dann schmatzte es, und seine Lippen lutschten noch, als es sich, von der Anstrengung ermüdet, wieder ins Stroh fallen ließ. Und jetzt erst war es mir wichtig genug, einen genauen Blick auf das dunkelgraue Fohlen zu werfen. Diesmal war es ein kleiner Hengst, und er würde ein Schimmel werden, wie sein Vater. Ich nannte ihn Marafah.

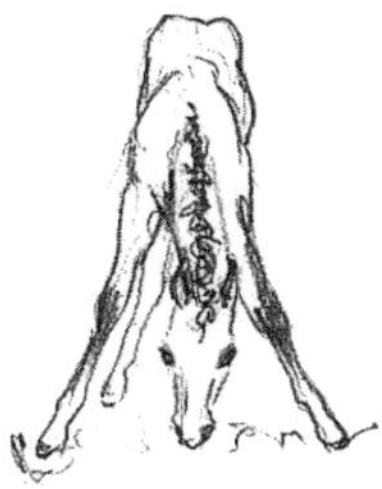

Langer Abschied

Wenn auch jedes Pferd eine eigene Persönlichkeit ist, und das sieht man schon beim Fohlen, so haben sie alle auch viele Gemeinsamkeiten. Marafah war übermütig und neugierig wie alle Füllen. An die Kälte hatte er sich rasch gewöhnt. Sein plüschiger Pelz schützte ihn. Als die Märzsonne sich zeigte, der Auslauf halbwegs trocken wurde, kannte seine Freude keine Grenzen. Er rannte buchstäblich, bis ihm die Luft wegblieb und er mit pumpendem Körper stand. Dann sog seine erhobene Nase mit weit geöffneten Nüstern Luft ein, bis neue Spiellust ihn packte. Noch blieb seine Mutter in der Nähe. Aber als sie einige Wochen später die saftigen Grasspitzen lockten und ich ihnen die große Weidekoppel öffnen konnte, machten Marafahs Selbständigkeit und Entdeckerdrang ihrer Beschützerrolle bald ein Ende. Der kleine Hengst entwickelte sich prächtig. Ich wußte genau, wie vergänglich dieses Bild war, die edle Stute und ihr königliches Fohlen. Ich prägte es mir fest ein.

Hatte ich insgeheim darauf gehofft, daß die Frühlingssonne alles wiedergutmachen würde, so widerlegten unsere Ritte diese Illusion. MEDINA´s Husten machte ihr besonders zu schaffen, wenn sie das tat, wozu sie geboren war, wenn sie lief. Immer noch bot die Braune, wie in vergangenen Zeiten, ihren fliegenden Galopp an und kam doch über kurze Strecken nicht hinaus. Mit hingegebenen Zügeln ritt ich langsam zurück und litt mit ihr unter den qualvollen Anfällen. Wir unternahmen immer seltener solche Versuche, sie endeten gleich entmutigend. Ich konnte es vor der Familie nicht verbergen. Die Traurigkeit zog ihre Kreise. „Mutter, sie hustet wieder", ließen die Kinder mitfühlend wissen. Mein Mann sagte nichts. Er fühlte die Ausweglosigkeit, aber er brauchte unsere Niedergeschlagenheit am wenigsten. Seine Arbeit verlangte Konzentration und Kraft. Eine Entscheidung mußte fallen. Eine sehr schwere Entscheidung.

Wir brachten unser Heu ein wie in jedem anderen Jahr auch. Doch bei allem, was ich tat, landeten meine Gedanken beim Schicksal

des Pferdes. Welche Möglichkeiten blieben, um sein Leben zu erhalten? Die Zeit unserer Reiterherrlichkeit war ein für allemal vorbei. Wie wäre es mit der guten Sitte, das Gnadenbrot zu geben? MEDINA einfach nur bei uns zu behalten? Nein, so einfach war das nicht. Ich kannte mich zu gut und mein Verlangen. Ich würde sie immer wieder reiten wollen. Unsere Beziehung müßte sich grundlegend verändern. Ich zergrübelte mir den Kopf und kam zu dem Entschluß, alles abhängig zu machen vom Untersuchungsbe-

fund der Klinik, in die ich die Stute schweren Herzens gab, als Marafah seiner Mutter entwöhnt wurde. Und weil ich mir denken konnte, was wird, wenn solch verspieltes Pferdekind plötzlich allein sein sollte, zog ein munterer Shetlandponywallach als Gesellschafter dazu; pflegeleicht, futtergenügsam und natürlich kinderlieb. Daß dieser Entschluß doppelt glücklich war, erlebten wir an Alwine und Gustel. Sie hatten über Nacht ihr Pferd. Mit ihm kamen sie bald allein zurecht, ohne betteln zu müssen, ohne vertröstet zu werden. Poldi war immer für sie da. Und der elegant-aristokratische Marafah? Übersah er das kleine Kraftpaket einfach? War er etwa neidisch oder gab es Rangkämpfe? Neugierig und besorgt erlebten wir die denkbar einfachste Lösung. Marafah nahm Poldi als Mutterersatz an. Er folgte dem Zwerg in solcher Anhänglichkeit, daß uns diese Komik rührte. Poldi nahm seine Rangerhöhung sehr ernst, und folglich waren beide kaum voneinander zu trennen. So verschmerzte Marafah rasch das Verschwinden der Mutter aus seinem Leben.

Nach gut drei Wochen lud mich der Klinikleiter zum Abschlußgespräch. „Sehr verehrte gnädige Frau", begann er vorsichtig, und ich hörte aus diesem Ton bereits den Befund. „Ja", sagte ich, „ich dachte es mir schon", und war doch bestürzt. „Ganz so schlimm ist es nun auch wieder nicht. Ihre Stute muß nicht gleich getötet werden. Es freut mich sehr, daß sie mir kein Drama machen. Die Stute ist ein schönes Tier, und wir haben sie sehr genau und gründlich untersucht. Sie ist eindeutig dämpfig und damit unheilbar krank. Es tut mir leid, das sagen zu müssen."

Unser Gespräch verlief eigenartig nüchtern, ich hörte mich mit fremder Stimme sprechen. Ich fragte, er antwortete, und wir kamen zu dem Schluß, daß es wirklich schade um die edle Stute wäre. Aber ob sich nicht die Möglichkeit fände, sie in gute Hände, als gelegentliches Reitpferd vielleicht für Kinder, abzugeben? Sie könnte dabei noch gut einige Jahre leben. Wenn sich mein Problem so lösen ließe, dann am besten sofort.

Das 'Pferdetelefon', die von Mund-zu-Mund-Benachrichtigung, funktionierte zuverlässig. Ein junger Tierarzthelfer meldete sich bei uns. Seine Frau und beide Kinder seien tierlieb wie er, und MEDINA würde es sehr gut bei ihnen haben. Sie hätten Weide, und sie hätten Stall dazu, und die Stute bräuchte nur gelegentlich die Kinder im Sattel zu tragen, um sie ans Reiten zu gewöhnen. Seine Frau hätte früher einmal geritten, er selbst nicht, und er hätte auch nicht die Zeit dazu. Aber wenn die Stute sehr fromm wäre, würde sich seine Frau auch gerne einmal wieder draufsetzen. Das klang nicht schlecht. Das wäre vielleicht tatsächlich die beste Lösung für alle. Natürlich sprachen wir über die Krankheit der Stute und die Empfehlung des Professors der Klinik, und ich fuhr hin und sah mir die neue Heimat MEDINA's an. Es war alles so, wie sie es gesagt hatten. Wir tranken gemeinsam Tee und ich fand es an der Zeit, meine Bedingung zu stellen. Sie schauten mich erstaunt an. „Sie können die Stute in den nächsten Tagen einstallen, und es wird Sie keinen Pfennig kosten, wenn Sie versprechen, daß dieses Tier niemals mehr den Besitzer wechselt. Wird sein Leiden zu schwer, so lassen sie es töten. Aber es ist gut möglich, daß es noch viele schöne Stunden für alle gibt.“ Kein Risiko, wir waren uns einig. Und doch war mir nicht wohl dabei.

MEDINA kam nicht mehr zu uns zurück. Ein Abschied war mehr als genug. Die ersten Nächte lag ich stundenlang wach. Es waren heiße, windstille Julinächte. Ich mußte damit fertig werden, ich allein. Marafah und Poldi nahmen zum Glück die Familie gefangen mit ihren Späßen und ihrer schönen Lebendigkeit. Natürlich drückte mich mehr Erinnerung. Niemand hatte gleich mir solche Stunden des Glücks mit MEDINA erlebt. Niemand kannte so ausschließlich ihr Wesen, ihre Bereitschaft und liebevolle Anhänglichkeit wie ich. Sie mochte es gut dort haben, aber sie war nicht mehr bei mir. Ich würde später sicher ein anderes Pferd reiten, aber niemals mehr MEDINA del Ra.

Die Außentür meines Zimmers war weit geöffnet, und ich sah die Sterne im verblassenden Himmel. Stille – und dann die erste Lerche, und es dauerte eine Weile, bis sich eine Amsel dazumischte. Orangerot am Horizont. Der Chor der Vogelstimmen glich jetzt dem Kommen und Vergehen des Wellenschlages. Dann färbten sich die Wolkenränder rosa, und vom Feld her übertönten die Kraniche alles mit ihren durchdringenden Rufen. Der neue Tag wartete mit Pflichten, und das war gut so.

Über die Maßen

Das Leben bringt es immer wieder fertig, Wunden heilen zu lassen. Mit den Monaten klang die Bedrückung ab und machte einer dankbaren Erinnerung Platz. Wenn Marafah und Poldi wie ein Clownspaar umhertobten, wenn die Kinder ihre noch ungeschickten Kräfte an dem kleinen braunen Wallach ausprobierten, schien diese Welt in Ordnung zu sein. Gewiß, bis der dunkelgraue Marafah sich zum Schimmel lichtete, bis sein Rücken stark genug sein würde, einen Menschen zu tragen, brauchte man Geduld. Schlimm mußte es für jemand sein, der nichts zu tun hatte, als darauf zu warten. Ich fragte mich oft, woher ich früher die Zeit zum Reiten genommen hatte. Es schien mir wie ein echtes Wunder. Was mag alles dafür liegengeblieben sein? Wie auch immer, nur zweimal fand ich Gelegenheit, MEDINA zu besuchen. Das erstemal stand sie in ihrer geräumigen Box trotz des guten Wetters, war wohlgenährt und sauber, aber dennoch tat sie mir leid. Sie erkannte mich sofort. Ruhig, wie jemand, der ein leichtes Schlafmittel genommen hat, begrüßte sie mich. Auch Pferde können traurige Augen haben. Ich versuchte sie zu trösten, daß ihre Koppel bald einen neuen Zaun habe und Wind, Sonne und viel Luft sie erwarteten. So jedenfalls hatte man es mir versichert. Gern wäre ich mit ihr im ruhigen Schritt durch die Felder geritten, ohne Sattel, nur einfach zusammensein.

Ja, mehrmals hätten ihre Kinder schon oben gesessen. Sie sei sehr ruhig und lieb. Vielmehr erfuhr ich nicht und verabschiedete mich übereilt. Das zweitemal war es bereits spät im Herbst, und ich fuhr unangemeldet auf den Hof, als ich in der Nähe zu tun hatte. Ich gebe es zu, daß ich eine Scheu vor neuen Begegnungen spürte. Das Wetter gab sich windig, aber trocken, und ich war sicher, MEDINA auf der Koppel zu finden. Es traf mich schmerzlich, daß ich sie wieder einsam in ihrem leeren Stall fand. Das geschnittene Grünfutter lag verstreut umher, sie schien wenig Appetit gehabt zu haben. Ich sprach sie an und kraulte den Platz hinter ihren Ohren. Dankbar rieb sie ihren Kopf an mir. Später, im nachinein, bildete ich mir ein, daß sie mich dabei um etwas gebeten habe. Ihr Atem ging hörbar schwerer, und zur Flanke zog sich eine Rinne. Aber immer noch wirkte ihr Körper glatt und voll.

Wie langweilig mußte dieses Ausharren im Stall sein. Ein Pferd, immer an Kontakte gewöhnt, stand nun in Einzelhaft. Gern hätte ich ihr wenigstens einen kleinen Gefährten gegeben, etwas Lebendiges. Da niemand zu Hause war, nahm ich mir vor, darüber zu telefonieren. Wieviel Bewegung gab man ihr überhaupt? Sie stand an der Boxentür und schaute mich an. Ich ertrug diesen stillen Vorwurf nicht und flüchtete nach Hause. Und eigenartig, je weiter ich mich entfernte und je mehr Zeit darüber verstrich, um so mehr ließ der Gewissensdruck nach. Können wir Menschen nur so überleben, indem wir zu verdrängen imstande sind? Ich jedenfalls tat es. Um mein Gewissen zu erleichtern, rief ich später tatsächlich einmal an, sprach über meinen Eindruck und darüber, wie es besser sein würde für das Tier.

Aber indessen hatte sich das Wetter so weit verschlechtert, daß der Rat einfach überflüssig war. Doch eine kleine Ziege sollte wenigstens dazugestellt werden. Auch das kann schon eine Erleichterung sein, redete ich mir ein.

Mit viel Regen, Dunkelheit, Sturm und letztlich auch mit Frost und Schnee nahm uns der Winter alle Reserven ab. Der Heizkessel in der Küche durfte nicht ausgehen. Die nassen Stiefel, Hosen und Jacken wollten trocknen. Wenn es sehr schlimm kam, ließen sich weder die Garagen, noch die Stalltür morgens öffnen, bevor wir nicht mit Schaufel und Besen freigeräumt hatten. Der Weg hinunter zum Schulbus war eine Leistung, besonders, wenn der Schneepflug sich verspätete. Aber es war auch eine gesunde Herausforderung darin, und niemand weinte darüber. In der warmen Schule konnte man sich gut damit wichtig tun.

Wir alle waren voll mit uns beschäftigt. Alwine zottelte ihr Shetlandpony aufs Feld, zog sich auf seinen Rücken und ließ das kräftige Tier bauchtief durch den Schnee stapfen. Und als sie dabei zu singen begann, wußte ich, was sie fühlte. Trockner Frost schadete auch Marafah nicht. Er galoppierte seine Kreise, trainierte sich Muskeln an. Es war sein zweiter Winter.

Die frühe Dunkelheit zog die Familie für viele Stunden ins Haus. Unter unserem großen Dach blieb für alle genügend Platz. Während mein Mann mit dem Hund auf seinem Abendspaziergang war, bereiteten wir den kommenden Tag vor. Eigentlich war es immer das gleiche, und doch war es wichtig für die Ordnung unseres Lebens: Schulmappen packen, Schuhe bürsten, Rüben putzen, Katzen füttern, Tisch

decken und was der kleinen Dinge mehr sind. Danach, wenn die Kinder sich ins Bett kuschelten, rückten sie oft mit ihren Wünschen, Sorgen und Fragen heraus, lieber als in der Betriebsamkeit des Tages. Mit welchem Ernst das geschah, mit welcher Neugier oder Anteilnahme und Dringlichkeit sie bitten konnten und meist nicht aufhören wollten. Muß man nicht antworten, ohne ihnen eine heile Welt vorzuspiegeln? Sollten sie nicht vertrauen können, auch wenn die Auskünfte neue Fragen aufwerfen und sie um GUT und BÖSE, RICHTIG und

FALSCH mit ellenlangen Erklärungen eigene Standpunkte beziehen? Diese unwiederbringliche Lebenszeit, in der einfach das GUTE gefordert und aus vollem Herzen gewünscht wird, diese reine Kindheit, wie können wir sie verlängern? Später werden sie erfahren, daß diese Weltsicht als NAIV eingeschätzt wird. Und viele sind dann zu schwach, sich gegen die Übermacht zu wehren.

An diesem Abend wollten Alwine und Gustel alle Menschen einsperren, die ihre Tanzbären so grausam leiden ließen, wie sie es am Bildschirm miterlebt hatten. Die halbverhungerten, wunden, mit kurzen Ketten an eine Felswand gefesselten Tiere bewegten ihr Gemüt. Die Art, sie auf heißen Eisenplatten das Tanzen zu lehren, wo sie vor Schmerz auf den Hinterpfoten herumhüpften, ließ dem Mädchen beim Erzählen die Stimme versagen. Sie schluckte, und Gustel mußte den Bericht beenden. Ihre Aufregung bewegte sich ganz um die Qual der Tiere, der Hoffnungsschimmer einer Befreiung war ihr entgangen. Mir fiel ein Stein vom Herzen, weil ich sie guten Gewissens beruhigen konnte. Wie in einem echten Märchen wurden die BÖSEN bestraft, ihre Bären befreit, gesundgepflegt und in weite Gehege entlassen. Menschen hatten Menschenwürde gerettet. Wie gut schlief es sich danach. Und doch hatten die Kinder nur eine Teilwahrheit erfahren. Von allen mißbrauchten und gequälten Tieren sind die Tanzbären vielleicht die kleinste Gruppe.

Was werde ich den Kindern antworten, wenn sie mich fragen, warum die wenige Tage alten Kälbchen einzeln in enge Käfige gesperrt werden, daß sie sich nicht einmal umdrehen können und beim Liegen die Beine unter dem Gitter hindurchstrecken müssen? Sie sehen keine

Sonne, werden nach einer Uhr gefüttert, keine Mutterkuh leckt sie liebevoll, Herumtollen und Springen lernen sie nie kennen. Sie werden als Nummern geführt, nicht als Lebewesen. „Industrielle Tierhaltung ist das", werde ich ihnen erklären, „mit dieser Methode läßt sich schneller Geld verdienen." „Aber wenn sie genug Geld verdient haben, dann können die Kühe doch wieder mit ihren Kälbchen auf die Weide?" werden die Kinder fragen und ich werde sagen müssen: „Sie haben nie genug Geld."

Die Februarsonne wärmte. Mittags an windgeschützter Stelle konnte man die ersten Gedanken an den Frühling herauslassen. An der Vogelfutterstelle trafen sich täglich eine Menge Gäste. In der Mehrzahl Spatzen und Kohlmeisen, auch zwei aufgeplusterte Amseln, die sich direkt auf den Boden hockten, so daß die dünnen Beinchen sich im Federkleid versteckten. Ein Rotkehlchen, einige Grünfinken, ein Buchfink und ein Zeisig ergänzten die Schar. Eine muntere Gesellschaft, die davonschwirrte, sobald jemand aus der Haustür trat. Aber aus dem Küchenfenster sehend, konnten die Kinder sie bestimmen. Langsam wurden die Tage länger, und endlich glänzten oben in den Weidenbüschen die ersten weißen Kätzchen. Nachts kehrte der Frost zurück und ließ Eisharsch auf den Rapsblättern wachsen. Jeder Gang über die Felder zeigte, wo Rehe sich ihr kärgliches Futter freigescharrt hatten. Legte ich den Pferden etwas Heu in den Schnee, so suchten ihre Lippen wählerisch darin nach den besten Stengeln. Die Oberlippe ähnelte dann einem Rüssel. Marafah raschelte damit in den Halmen, als schüttele man ein Häufchen Lametta. Plötzlich warf er mit dem Maul das Bündelchen Kleeheu beiseite. Die Katze sprang spielerisch danach, als wollte sie mitmachen, schmiegte sich dann an seine Beine und schnurrte.

Da lag unser Haus friedlich im Schnee, und seine Fenster leuchteten ins Dunkel hinaus. Der Tag war bewältigt und Ruhe eingekehrt. Ein Knopfdruck nur, und eine andere Welt begann zu leuchten. Ein schwacher Ersatz zwar nur für meinen alten Kindheitstraum. Da wünschte ich mir die Zauberkraft, im gleichen Moment dort zu sein, woran ich dachte. Wunschtraum oder Alptraum? Aber selbst der einfachste Fernsehbildschirm heute erfüllt schon Sehnsüchte. Mit ihm reise ich in Länder, die ich nie betreten werde, bin unter Menschen und Tieren, die ich kaum kenne. Kiebitze suchen, Kaninchen hüten, was waren das für läppische Dinge gegen diese Erkundungen von Geheimnis. Nur ein kleiner Unterschied trennt die Form der Abenteuer: die PASSIVITÄT. Aus dem Fernsehsessel verfolgen wir Jagden auf Leben und Tod, können Menschen verbluten sehen, während das Bier schmeckt, und wenn es zu unangenehm wird, wechseln wir rasch den Kanal zu Volksmusik oder Gaudi-Max. Sagt mir, wenn ich lüge.

Auch diesen Filmbericht hätte ich einfach abstellen können, nicht wahrhaben. Ich sah ihn mir an bis zum Ende. Es wurden Tiere zum Schlachten transportiert. Das ist noch nichts Ungewöhnliches. Nur legten in meiner Kindheit Käufer und Verkäufer sehr viel Wert auf größtmögliche Schonung während der Fahrt. Schon um des Geschäftes willen. Niemand hätte bei dem Fleischer gekauft, von dessen Fahrzeug ein totes oder gar halb verendetes Tier gezogen wurde. Die Ware mußte einwandfrei sein und der Schlachter sein Handwerk verstehen, nur das gab gute Wurst und schmackhaftes Fleisch. Und noch viel früher betrachteten Indianer und andere Naturvölker die zu jagenden Tiere als gleichberechtigte Lebewesen. Sie entschuldigten sich bei ihnen für die Tötung, wenn sie Nahrung benötigten. Sorgfältig hatte man umzugehen mit ihrem Fleisch, damit das Jagdglück sich ihnen nicht verschloß.

Dieser Filmbericht schonte nicht zarte Gemüter. Ein Schlachtviehtransport heute und jeden Tag neu. Die Kamera war dabei, riß die Bilder aus ihrer Anonymität in die Öffentlichkeit. Es ist das Geschäft um jeden Preis, selbst bei Verlust des menschlichen Gewissens. Dort, wo Höchstpreise gezahlt werden, sind die Schlachttiere abzuliefern, möglichst noch lebend. Kleinere Verluste sind einkalkuliert.

Je mehr, um so lohnender. Zusammengepferchte Tierleiber. Wer stürzt, nicht mehr hochkommt, wird zertreten. Langsames Sterben, denn der Transport geht über Tage und Nächte. Zusammengetrieben in panischem Schrecken, mit angstgeweiteten Augen in furchterregender Umgebung, mit fremden Gerüchen, Geräuschen. Auch Pferde, hochsensible Lebewesen, werden hier zur Gewicht-Preis-Ware. Nicht mehr und nicht weniger. Was am Ziel mit eigener Kraft nicht mehr vom Wagen kommt, wird an einem Bein heruntergezerrt. Daß während der überlangen Fahrt gefüttert und getränkt wird, ist Gesetz. Das Gesetz ist nicht mehr als ein Stück Papier. Seine Umsetzung kostet Zeit, und Zeit ist wieder Geld. In der heißen Jahreszeit treibt das Durstgefühl die Tiere an den Rand des Wahnsinns. Ihre Zungen um die Gitterstäbe des Transporters gerollt, suchen sie Feuchtigkeit aus dem Metall zu saugen. Ihre großen dunklen Augen verstehen die Welt nicht mehr, und Menschen schauen entsetzt beiseite. Es sind nicht die Bilder einer Rettungsaktion oder Naturkatastrophe. Es ist der gängige Alltag der Schlachtviehtransporte quer durch Europa.

Nicht alle sehen beiseite. Viele Proteste haben Bewegung in diese Abscheulichkeit gebracht. Bewegung, aber noch keine Änderung.

Ist es allein die menschliche Trägheit, die möglich macht, das zu vergessen?

Ich nahm mir vor, den Kindern das Märchen vom KALTEN HERZEN zu erzählen, vom Tausch eines lebendigen, fühlenden Herzens gegen ein Steinherz um den Preis von viel Geld. Und ich würde die Kinder fragen, wie es sich wohl lebte mit solchem Herzen.

An diesem Abend ging ich sehr spät noch zu Marafah und Poldi, um mich wieder in ein Gleichgewicht zu bringen. Der kleine Shetlandwallach stand vor der halb geöffneten Stalltür seines Freundes, als hielte er Wache. Sein dichter Pelz trotzte jedem Wetter. Mit weichen Mäulern tasteten die beiden meine Hände und Taschen ab, knabberten die kleinen Reste Hartbrot und ließen sich die Mähnen mit den Fingern strähnen. Dann überließ ich sie dem Nachtwind und seinem Sternenhimmel.

Bevor mich der Schlaf entführte, ritt ich noch einmal mit meiner Stute MEDINA durch abendlichen Wald. Alles war schon in Dämmer gehüllt, nur die Wegschneise gab einen helleren Himmelsstreifen frei. Ihr schwebender Trab war sanft und endlos.

Es geschah im Eismonat Februar, daß jemand es sah, wie eine zierliche braune Araberstute in einen vollen Transporter gezwängt wurde, der Schlachtpferde nach Frankreich brachte.

So endete Medina´s Geschichte.

Edith Rimkus-Beseler

Ostpreußische Eigenwilligkeit ist charakterprägend bei Edith Rimkus-Beseler, der Lebensweg vielgestaltig:
Techn. Zeichner, Neulehrer, Studium an der Akademie für bildende Künste Dresden, Lichtbildnerei, Verlagsarbeit Volk und Wissen Berlin, Lehrerin für Fotografie an der Fachschule für Grafik und Buchkunst Berlin-Schöneweide, freiberufliche Arbeit (Kinderbücher und Bildbände), Mitglied im

Verband bildender Künstler und AFIAP, Diplom für Kunsterziehung an der Humboldt-Universität Berlin, Lehrtätigkeit und schriftstellerische Arbeit. Landschaft und Tieren tief verbunden, kreisen ihre Themen um menschenwürdigen Umgang mit ihnen. Verheiratet mit dem Schriftsteller Horst Beseler, zwei erwachsene Kinder, immer in liebenswerter Pferdegesellschaft. Wohnhaft seit langem im mecklenburgischen Hinzenhagen.

Bibliographie

- ERNTESOMMER
  (mit Erwin Strittmatter)
- VERLIEBT IN BERLIN
  (mit Horst Beseler)
- FÜR KINDER GESCHRIEBEN
  (Kinderbuchverlag)
- BULLERMAX
  (mit Horst Beseler)
- MATTI IM WALD
  (mit Horst Beseler)
- PONY-EINMALEINS
  Geschichten um Shetlandponys und Kinder,
  mit Fotos
- MEINE ZEIT MIT MEDINA
  Erzählung
- DAS GEHEIMNIS DES ROTEN NÖCK
  Tiergeschichten
- PAULINE
  Geschichte eines Ponyfohlens – Lichtbildreihe
- ISLAND UND SEINE PFERDE
  ein Ritt quer duch die Insel – Lichtbildreihe
- KALEIDOSKOP DER PFERDE
  immer wieder neu erlebt – Lichtbildreihe
- REITERTRÄUME
  Kind und Tier auf dem Weg zu Harmonie –
  Lichtbildreihe

Inhaltsverzeichnis